教育界的實業家
張長芳教授回憶錄

張長芳——口述
徐偉軒——撰寫

緒言

PREFACE

我常說，我們每一個人只要生在這個世界上，便不能不吃人間煙火，而要吃人間煙火，除了青少年時期，原生家庭給予我們的照顧外，成年之後，必須投身職業工作，執行各項任務，然後能獲得報酬，有了報酬才可以過我們想要的生活；同時，如果自身專業素養良好，又能熱心盡力地工作，所獲報酬也通常較為優渥，那麼生活也會過得比較舒適。

為了有更為理想的人生，良好的生涯規劃是不可或缺的。我認為，人們的理想生命歷程，可分析為四個階段，即：

一、旭日東昇階段：生機蓬勃、學習精神旺盛的二、三十歲前，生命初期階段。

二、日正當中階段：致力工作約三十五年所得，專業應用階段。

三、落日彩霞階段：約六十五歲退休後的生活，運用心得經驗繼續發揮貢獻。

四、夜空星辰階段：八十五歲後立德、立功、立言之階段。

從出生開始，到二十五歲至三十歲左右，我們像初昇的旭日一般，充滿朝氣，富有活力；如能不斷地進修學習，我們將具備一套完好的謀生知識與技能。

三十歲之後，我們帶著此前累積的專業素養，投身於職場，開始發揮價值，為單位、社會，甚至於國家做出貢獻；同時也將獲得不同的身分，例如丈夫或妻子、父親或母親，承擔從個人、家庭到社會的各種責任。這段期間我們的能量最強，就如正午的太陽。如果能夠熱心盡力，那麼在接下來的三十五年左右，我們將能擁有一定的成果，並得到來自於職場和家庭的正向回饋，使生活過得充實美滿，有價值、有意義。

到了六十五歲，法律定義的老年之始，人們也通常在這前後辦理退休。然而，我們畢竟已投身職場數十年，所累積的心得與經驗自然極為豐富，且多半難以取代。如果此時身心健康，那麼也可能延長服務的時間，或投身於另一個職場，建立所謂的生命「第二春」，讓前半生的經驗繼續發揮價值，造福更多人，就像黃昏時的彩霞，仍然絢爛美麗。

最後，如果我們很幸運地走到了八十五歲左右，我們的身體狀況因為自然的衰老，或許已不足以支持高強度的職場工作；但若智力未退、心志清明，那麼便可以將以往歲月中的經驗心得，以回憶錄方式留存，以備後代子孫或社會參考，也就是立言、立功、立德的階段，就像日落之後，夜空中點點星辰，閃爍著動人的光芒。

如能按照這四個階段來規劃自己的人生，或許我們的人生道路能走得更為踏實、圓滿吧！

而我的一生經歷，也大抵合乎這四階段分期。從年少時自福州來臺，陸續在新竹師院、政治大學修業，這是我的旭日東昇階段。正式投身職場時大約二十八歲，此後陸續在金門中學、政治大學服務共三十餘年，六十三歲時退休，這是我的日正當中階段。六十三歲到致理商專擔任校長，八年後轉任董事，則是我的落日彩霞階段。

到了今年，我已經九十三歲，雖然還擔任致理科大董事，但若以上面的分期年齡來看，早已進入夜空星辰階段好些年了。這些年來，許多朋友都一再鼓勵我出版回憶錄，我一直未能付諸實行，今年初，我想是時候了，便請政大博士徐偉軒先生協助，讓這本書得以問世。

本書即以旭日東昇、日正當中、落日彩霞、夜空星辰四階段為架構，依序呈現我的生命歷程，並於各階段中擇取特別重要、影響甚深的生命經歷與人事物詳述。特別是在職場工作上，我自認熱心盡力，先後得到許多長官、貴人的提攜與同仁們的協助，因此得以收穫不少有形或無形的成果，至今回想起來，仍感到非常歡喜、滿足，更心存感恩。這些令我自豪的美好經驗，蘊含了我的人生態度與信念，將它們記下來，對後之來者，相信多少是有幫助的。

此外，在金門中學、政治大學、致理科大服務的這些年，我也曾親自負責許多制度的建立，或建設的興築，直接或間接地造就了一些影響，參與了歷史面貌的塑造。因此，本書中對這數十年來我主要服務的三個單位的記敘，我想也有一定的史料價值吧，於此盡力寫下，也或能給未來的人們一個見證、認識過去的機會。

人生走到九十餘歲，身體尚稱健朗，加上家庭美滿，每天的心情都很愉快；回顧過去，更覺得相當欣慰，至此，我想我已經知足了。希望我的家人、朋友、同事與學生們，或我無緣見到的、未來這本書的讀者們，也都能擁有一個充實幸福、有意義的人生。我的經歷和心得，如果可以對各位有所幫助，那我此生最後一個任務，就圓滿達成了。

張長芳　民國一一三年十月廿五日於木柵

目次

CONTENTS

第二章 日正當中

第一章

旭日東昇

壹 少年時期（一九三二～一九四九）

一 童年時光

我於民國廿一年（一九三二）十一月廿一日（陰曆十月廿四日）出生於福建省連江縣丹陽鎮文珠鄉。[註一]丹陽鎮是一個以山地、丘陵地形為主的區域，文珠鄉位在它的北部。從丹陽鎮的鬧區步行到文珠鄉，需費時兩個多鐘頭，相當偏僻，但是地廣人稀，山明水秀。據我父親說，我們張家大約是在明代末年遷居到這裡，以務農為生，經過數代的經營，先祖們逐漸攢下了一些基業，於是建起了三座三進大宅，張氏族人因而得以安居於此，繁衍生息。到了我父親這一代，他和眾多叔伯兄弟仍在此克紹箕裘，躬耕隴畝。

我的父親生於民前廿四年，母親則生於民前廿二年，娘家在鄰縣羅源。父親和母親膝下有四男三女，我排行第六，後面還有一個小弟。作為農家子弟，我們這些小孩子們，從五、六歲起便須協助家中農務工作，像是幫忙裝送秧苗，或是到山林中撿拾枯葉枯枝，揹回家作為生火用的燃料等。此外，也常常需要到田間撿田螺、抓泥鰍，再經煮炸烹調之後，連同自家釀的酒，送去給插秧的農工。這些工作雖然不像插秧收成那麼辛苦，但對小孩子來說仍然頗為吃力，不過從小跟兄姊們一起勞動，倒也日久成習慣。

父親所擁有的耕地，一年雖僅能秋收一期，但在家人與農工的齊力耕耘下，所穫仍足供全家一年生活。然而，民國二十幾年的中國，正是風雲變色之際，九一八事變後，北方已然動盪不安，我所在的南方雖尚未受到外敵威脅，地方吏治也算不得清平，有許多土匪草寇在山區流竄，經常來侵擾勒索，雖然不至於毀壞產業，但對於家人安危仍是不小的威脅。同時，父親雖然是農家出身，卻是一位有遠見和進步思想的人；他曉得時局正在變化，唯有讓後代接受新式教育，才有機會開展更好的未來。那時我的大哥與二哥已先後入黃埔官校，投身軍旅，眼見我已逾七歲，正是應受教育之時。考慮到這些因素，於是約莫在民國廿八年，父親毅然決然帶著我和小弟遷居福州市，並讓我就讀當時福州的新辦小學。父親自己則在福州謀得戚繼光祠堂管理員一職，得以有穩定收入，再加上冬日回連江老家所收佃租，讓我們生活無虞。

戚繼光是明代名將，嘉靖四十一年（一五六二）率兵支援福建抗倭，連戰連捷，因此明代末年即在福州建祠堂紀念他。後來毀壞傾圮，民國七年時重建，成為福州重要的建築。父親在此任職，便帶著我們入住祠堂後來興建的附屬設施，那時的我，覺得房子又新又大，住起來好不舒適，而且常有重要人士來此造訪，聽父親說，某次我曾在那裡見過陳儀，當然我是到以後才真正曉得陳儀是何許人也。

可惜好景不長，我在福州生活不到一年，日軍侵華的行動加劇，為了布署太平洋戰場，民國三十年

註一　【撰寫者案】查現今連江縣丹陽鎮行政區劃及其沿革，皆僅有「文殊村」，而無「文殊鄉」。然而，黃埔軍校第二十一期同學錄，先生二哥張仲堅將軍登記為永久通訊處之地址為「福建連江丹陽文殊鄉」。可知「文殊鄉」之名為當時鄉人之共識，故於此仍遵其舊。

四月，日軍進犯福建，這是福州首次淪陷。抗日戰爭期間，福州曾經歷兩次淪陷，第二次在民國卅三年，雖然兩次淪陷期間都不長，但老百姓們經歷的驚惶失措仍是一生無法忘懷的。第一次淪陷後，父親為了保全不到九歲的我和年幼小弟，便託我的舅舅帶我們回文珠鄉老家。那真是一段艱辛萬分的過程，至今我永遠記得舅舅為了照顧我們，挑著一根扁擔，一頭擔著我，一頭擔著小弟，倉皇趕路的情景。

回到老家之後，我因為無學可上，和小弟留在家裡，照樣幫忙農務。雖然如此，因為地方偏僻，遠離日軍威脅，我和小弟每天在山林之間勞動、玩耍，度過了一個相對健康、安穩的童年，這或許也算是我的幸運吧。同時，因為父祖輩重視教育，曾經請了一位教書先生到張家，一直在此執教。我們跟著先生讀〈三字經〉、〈千字文〉、《論語》等古代典籍，得以識字通文，後來我之所以能夠繼續升學進修，這段經歷是不容抹滅的。不過，在我記憶中，因為日軍對福州的侵擾，我也曾經學過一些日文的平假名、片假名，但究竟是在哪一年學的、在哪裡學的，因為時代久遠，我也記不清了，只能說這就是動盪時代下，人們的必然經歷吧。

而當我和小弟在老家度過童蒙歲月時，父親則留在福州，在兩次淪陷之間局勢稍安的時候，仍舊在戚繼光祠堂任職；畢竟那一份微薄的收入，仍是我們一家老小賴以為生的基礎。父親的堅持，使得抗戰勝利之後，又能再度把家人接到福州。這時我已經十四歲，我們家四個男丁，大哥已經英勇殉國，二哥仍在軍旅，小弟還年幼。父親思忖，必須讓我繼續上學才是正途。當時正好福州私立國粹中學新辦，招收初中學生，父親便讓我報名入學。那時的我自然不知再過三年，大陸即將赤化，想著畢竟已經超過了本該入初中的年紀，能夠上學已是萬幸，便歡喜地入讀國粹中學一年級。

二　國粹中學

剛入讀國粹中學時，我曉得父親對我的照顧與期許，自然非常認真上課。不過，因為生性好動，下課時常常馳騁於籃球場。當時最嚮往的小小心願，就是能夠擁有一顆籃球、一部腳踏車，那就非常地滿足了。當然，這樣的嚮往只在一時，國粹中學的課程多元，令人目不暇給，在學校上課的每一天，都有各種各樣的體驗。新式教育的學校中，國文、英文、數學、自然、社會、美術、體育，各科咸備，所聘老師也都深具專業素養，為一時之選。其中有兩位老師的教導，不只讓我印象深刻，更影響我的一生。

第一位是鄭貞藩老師，鄭老師是福州當地名士，曾是廈門大學的數學專業教授，為了回饋鄉里，便應國粹中學之邀返鄉。鄭老師學問好，講話又風趣，我最喜歡聽他的數學課。代數、幾何、三角函數等等，在他的講解下變得生動無比。而我的數學成績也頗為優秀，鄭老師因此對我特別關照，曾經用詼諧地口吻鼓勵我：「老師我來這兒教你們，是大砲打麻雀，你必定得好好讀書，才對得起我呀。」鄭老師對教育的熱忱，對學生的殷切期許，我至今仍深為感佩。

關於鄭老師，還有一則回憶令我難忘。那時國粹中學的榮譽董事長，是中國海軍元老薩鎮冰將軍。薩將軍當時九十一歲，地方仕紳為其舉辦盛大壽宴，鄭老師也帶著我們這些國粹中學的學生們前去拜壽。到了壽宴現場，卻發現四處寫著「百歲大壽」，我疑惑地詢問鄭老師，鄭老師說：「以前的人大多年壽不長，能到九十歲的，已經寥寥可數，遑論百歲？所以一旦過了九十歲，是非常有福氣的，便做百歲大壽慶賀。」聽了鄭老師的講解我才恍然，也對於鄭老師能帶我們來向這樣一位年高德劭的海軍名將祝壽，感到無比光榮。

第二位是國粹中學的美術老師，很遺憾我現在已經記不得老師的姓名了，只記得他當時約四十來歲，渾身散發著文人雅士的氣息。在美術課課堂上，老師不只教我們書法、繪畫，他認為文學是所有藝術的基礎，因此也會帶領我們一同欣賞古代優美的詩詞歌賦。不只如此，他更鼓勵同學們創作詩歌，以陶冶藝術氣質。說來簡單，但創作豈是容易的？老師也明白，因此教導同學們「仿作」，便舉了他對明朝唐寅（伯虎）〈登山〉詩的仿作為例。原詩為「一上一上又一上，一上直到高山上。舉頭紅日白雲低，四海五湖皆一望。」老師將後二句改成「旭日東升與眉齊，萬里江山在一望」，改作後與原詩相比，頗增磅礡氣勢。老師以此做為示範啟發大家，同學對寫詩的興致便高了，大著膽子，各展創意。如某同學，竟將孟浩然的〈春曉〉改成：「春眠不覺曉，處處蚊子咬。夜來巴掌聲，蚊子死多少。」令人絕倒。

這位美術老師的「仿作」教學，在同學們之間傳為美談，也時常效法。那時，我有一位同班同學，姓林，是晚清名臣林則徐的嫡玄孫。一次林家家族大祭，這位林同學邀請我一道前往，為的是能夠在祭祀後，跟大家一起享受供品，畢竟當時環境困苦，豐盛美味的食物確實是非常吸引人的。於是當天我便跟著林同學上山，路途遙遠，走了三個多小時才到目的地。只見墓園周遭綠樹如蔭，雀鳥啾啾之聲不絕於耳。我覺得很驚訝，便問說：「為何這墓園周遭有這麼多的樹木？」林同學答說：「這裡是風水寶地，名為鳥巢穴，因此種了許多樹，讓鳥來築巢，以應此穴。只是祭拜之後不可燒紙錢，否則風水之脈就斷了。」原來如此，當時聽了只覺得很有趣。

終於，在漫長的祭拜儀式結束後，正跟著林家族人一起享用供品時。忽然有一位族中長輩發言道：「今天大祭，嫡系子孫是否應該作首詩來誌念？」言下之意，便是要這位林同學作詩。林同學騎虎難下，只好硬著頭皮上了，但也頗有巧思，想起美術老師教大家仿作唐寅的詩，於是便就當時周遭環境起興，吟道：「一窩一窩又一窩，一年結了許多窩。」我不禁佩服起這位林同學的機智。不過他「窩」了半晌，後面兩句怎麼都想不出來，正在躊躇的時候，有另一位族中長輩，是前清的秀才，站出來為林同學解圍，續道：「一窩一窩又一窩，一年結了許多窩。吃盡人間粱稻黍，鳳凰何少爾何多。」成為絕好的一首詩，且言下或亦頗有斥責該族中長輩之意。

我看到這些同學的仿作實踐，都覺得饒富趣味，並且在耳濡目染下累積了些許語文素養；雖然自己也沒什麼機會作詩，仍總將這位美術老師的教導記在心裡。直到年紀大了，兩岸開放交流之後，一次赴大陸，在寧波大學書記所設宴席上，酒酣耳熱之際，也被大陸友人慫恿作詩，我想起美術老師的話語，便依然照著唐寅之詩仿作，就當時觥籌交錯的情景，吟道：「一杯一杯又一杯，一連喝了許多杯。親友共聚齊歡樂，沒有知己不乾杯。」情景相應，讓聚會的氣氛更加熱絡，賓主盡歡。國粹中學美術老師的教導，居然讓我在七十年後學以致用，也真是令人始料未及了。

貳 渡海來臺（一九四九～一九六〇）

一 從福州到臺北

國粹中學三年的學習生活轉眼即逝，我畢業之時，正當民國三十八年，神州赤化，在這動盪不安的時刻，我必須決定我該何去何從。當時二哥仲堅、三姊夫楊又曾，皆在國軍服役，已準備帶著妻小隨軍撤退。正好姊夫的某位朋友有一些重要的設備器材，需借國軍的登陸艇運至臺灣，同時騰出了一人的空位，姊夫便問我是否要去臺灣。當時實在也沒多少時間考慮，我想跟著兄姊外出發展應該是好的，便下定了決心。只是如此一來，就得和我的至親分開——當時二老年事已高，禁不起折騰——因此我的小弟長芬，雖然也很想跟著兄姊一起渡海，最後仍然選擇留在家鄉，奉養父母。

當時拜別雙親，一晃眼幾十年，怎麼也沒想到一別即永別。後來才知道，父親在民國五十九年，即因文化大革命遭遇批鬥逝世。我們一家骨肉，大哥早已陣亡，後來的內戰，又致使父母子女分隔兩地；戰爭為世間帶來的痛苦，是我們這一代人的親身體會，後人應當時時引以為鑑。

記得登船的時候大約晚上八點，登陸艇從福州的馬尾港出發，經過一夜航行，早上便到達基隆港。和兄姊們大抵安頓下來後，想起離開福州前，鄭貞藩老師寫了一封介紹信交給我，說：「我的朋友高拜石先生，也是福州人，已經去了臺灣，你到臺灣便可拿我的信去找他，他定會對你多加關照。」懷揣著對鄭老師的思念和感激，我便出發去拜訪高拜石先生。

高先生工金石、書畫，博雅多才，是當時文藝界名士，聽聞我是鄭老師所介紹，略感驚訝，對我說：「既然是鄭先生的高足，一定是傑出人才，不可小覷。」於是竟推薦我到當時新辦的《自由談》月刊擔任主編。高拜石先生對後生晚輩的信任與期許，讓我既感激又惶恐。再三斟酌後，自忖當時初中方畢業，文字能力實未足擔任主編一職，因此只能婉謝高先生美意。之後經姊夫友人轉介，言國防部史政處有文職人員之需，專責蒐集報章雜誌中的政治資訊，所領薪水可供一日三餐，我便欣然前往。

二　新竹師範學院

在國防部史政處穩定工作半年多之後，我一方面深感自己知識學養有所不足，一方面亦認為此文職工作發展有限，非長久之計，因此便亟思進入大專校院進修。而且，因曾在國粹中學見到老師們學問淵博，誨人不倦，受人景仰的形象，一向對從事教育有很高的興趣。適逢當時臺灣有幾所師範學校招生，不只公費就讀，且每月有餐費、零用金可領。在得以自力更生，不給兄姊添麻煩的同時，也符合一己志趣，於是便投考新竹師範學校。順利考取之後，於民國三十九年入學。當時師範學校的教育為期三年，訓練目標為「普遍訓練，平均發展」，追求以班級為單位的教師教學能力培育，因此並未分科，而是讓每位師範生同時得到各領域課程的紮實訓練，包括教育學理、學科教學、音樂藝術、體育舞蹈等等。當時因為戰後百廢待興，亟需初等教育師資，而師範學校所聘教師，皆為當時碩學鴻儒，如體育家郝更生、高梓夫婦、音樂家李永剛先生、教育家鄭秉禮、王淑華夫婦、教育心理學專家劉家煜先生等等，他們後來都分別出任各級學校要職，在專業領域有卓越的貢獻。我能向這些老師分別學習教育、音樂、體育各方面的專業知識與技巧等，確實非常幸運。此外，我的班導師于占魁先生，後來做了臺北女師專的總務長，當時常常和我們說：「處事要臨事而懼，好謀而成。」體育老師蕭保源、張敬果先生，後來分別到臺大、政大任教，不僅教導我們球類技巧，啟發我後來對球類運動的熱情，更送了兩句話：「體會天行健，育成人自強」給我們。這些教誨後來都成為我奉行的座右銘。從國粹中學到新竹師範，親炙諸位優秀的老師，他們專業認真、循循善誘的教學身影，終成為我一生嚮往的目標。

民國四十二年，省立新竹師範學校畢業後，我分發進入臺中縣大甲鎮的順天國小任教，雖然薪水不高，但較之當時大部分的臺灣民眾，生活品質相對穩定且具保障。順天國小是一個小規模的學校，師生關係頗為緊密，因此週末經常進行教師家庭訪問。由於學校班級編制是以鄰里為單位，學生們習慣相約在家境較優渥的同學家中一同訪談，家長更對老師十分尊敬，時常準備雞蛋、茶或咖啡，盛情招待。此外，鎮上若有家族商議分家事宜，必定會邀請身為老師的我出席當公證人。這是在順天國小任教期間最特別的經驗，可見當時臺灣農業社會純樸良善、尊師重道的風氣。這些經歷讓初出茅廬的我，深刻感受到「老師」這一身分的崇高價值與使命。

三　投考空軍官校

在順天國小任教半年左右，因須服役，便離開了這個純樸的小鎮，赴成功嶺受訓。受訓一小段時間後，空軍官校來此招生，讓我對成為空軍飛行員感到無比嚮往，便投考了空軍官校，接受為期兩年的訓練，陸續在屏東大鵬灣水上機場、虎尾空軍訓練基地、岡山空軍基地等實地訓練。先後駕駛PT17、T6教練機，通過種種嚴苛考驗，終於期滿結訓，成為正式飛行員。不過，令人意外的是，在飛勤之初，一次高度達三萬六千呎的飛行中，我竟突感呼吸困難；經過檢查，方知鼻甲肥大，雖然可以開刀切除，但當時醫學技術不像現在發達，亦有風險，我不願貿然動手術，只好放棄飛行夢想。所幸當時規定：青年從軍者，若不繼續服役，可依單位層級轉學至相當學校。當時可以選讀的有臺灣大學經濟系、政治作戰學校、政治大學教育系等，因為自己曾在新竹師範學習，便順理成章地選擇政大教育系就讀。

四　政大教育學系

我決定轉學至政大教育系時，是在民國四十四年冬，無法銜接新學年，因此要等到民國四十五年中才可入學，但我在等待入學的這半年，已先積極旁聽各種專題課程，所以在政大教育系學習的時光足有四年半，這些求學的日子，因為有著新竹師範學校的培育基礎以及對教育工作的熱情，所以頗感駕輕就熟，尤其是記憶訓練和教育學理。記憶訓練著重於熟記、複習、重現三階段，以部分學習取代全體學習的記憶模式，並將各式記憶轉化為有意義、與生活連結的事物，以避免新舊記憶相互干擾。求學階段所養成的記憶能力，助益我在學校、職場、生涯各方面的學習發展。教育學理的部分，則來自於老師們的授業，且因知識、眼界的成長，讓我對老師們的教學有更深刻的理解。

當時在政大教育系開課、讓我得以親炙風采的師長們，皆於教學、研究與行政各方面有重要貢獻，且有多位影響當代甚鉅的教育家，他們的教導令我終生受用，讓我得以成長為一位全方位的教育工作者，並對我後來擔任致理商專校長時，治理學校的原則與方法有深遠的影響。在此分享一些我從老師們身上學到的知識與智慧。

李煥老師

李煥老師後來歷任教育部部長、行政院院長等要職，當時在政大教育系開設訓導專題課程。李老師上課時，指出教育有「言教」、「身教」、「境教」、「制教」。所謂言教即言語教導學生，身教是以身作則影響學生，境教是營造優良環境陶冶學生，制教則是制定規約讓學生有軌範的學習。其中對於制教的說明最讓我有所啟發。

李煥老師上課時特別提到班級經營中的「民主管理制度」，告訴學生們：民主管理並非自由放任，而應有一定的規範。他以自身治家的實例說明，令我印象非常深刻。李老師有四位兒女，後來都頗有成就，其中李慶華、李慶安兩位都曾擔任立法委員。這些聰慧的兒女們在青少年時期，一次向父親質問道：為何家庭的經濟消費不能以民主制度管理？李老師考慮之後，決定實行一個月的民主制做實驗。

李老師那時擔任救國團主任秘書，月薪有三千餘元，可說相當優渥。月初領薪後，他便將那三千元置於客廳菜籃中，並向家人宣布：「從現在開始，我們家的支出採民主制度，凡有需要用錢者，不需經過我的同意，直接從菜籃中支用，並登記支出用途與金額即可。」結果到了該月二十號左右，卻發現三千元已將用罄，連夫人隔日的買菜錢也無法支應了。李老師和夫人便召開家庭會議，讓全家一同檢視登記簿上的支出，並讓所有人自由發表意見。李老師和夫人首先指出，兒女所買籃球、高跟鞋等，皆非合適且必要的支出，但隨即遭到反駁，稱：「爸爸每天買雙喜牌香菸竟然買到三包，也並非合適的支出，為何不買一包就好？」李老師苦笑之餘，也覺得頗有道理。

經過仔細討論，最終李老師得出結論：縱然採用民主制，但為了家庭經濟的有效運作，也不能沒有事先規範，否則絕難成功，於是便和家人一起規定了生活費、教育費、娛樂費的基本額度，後來便得以順利進行。李老師分享自身的案例，極為生動活潑，我們聽得津津有味，同時也有深刻的收穫，一方面非常敬佩李老師在治家時採取了新穎的民主實驗，一方面也真切地了解到制度與規範的重要性。制度若有問題，可以隨時調整，但若毫無規範，則實務運作必將窒礙難行，那麼縱然再怎麼標舉民主價值，也是徒勞無功。後來我無論在擔任政治大學總務長，或是致理商專校長之時，都非常重視制度規範的訂定，便是受到李老師的影響。

李煥老師曾經說過，一個溫馨的校園應是「校長照顧老師，老師愛護學生，學生尊敬師長，師生在校園中有類似父母與子女之倫理關係，從而能營造恰如其分、和諧適當的師生關係。」真是理想的校園圖景，但這絕離不開「言教」、「身教」、「境教」、「制教」之間的整合。

劉真老師

劉真老師在民國四十四年擔任省立臺灣師範大學校長，民國四十六年升任省政府教育廳長，在教育界貢獻卓著，受人景仰。然而，一般人對劉真老師的印象，多半僅止於「傑出的教育學者」，卻不太了解他在擔任要職時，為了解決問題所展現的靈活處事的權變智慧，而這恰恰是影響我最深之處。劉真老師在政大授課時，曾向我們分享兩個關於權變的實例，我至今銘記於心。

第一件事發生在師範大學前身——師範學院院長任內，當時學校預備開設家政科，其中「制服設計與製作課程」遲遲找不到合適的師資，因為該課程內容，應聘請專業技術人員授課，然而大學教師資格有學歷限制，具備合格學歷者，皆無此等專業，具備專業者，又無學歷，因此頗為難辦。但開課在即，劉真先生最後仍決意由專業人士授課，於是敦請當時在南京東路開設西服店，熟稔旗袍、西裝製作的大師傅到校授課。只是，那位大師傅僅有初中學歷，劉校長便巧妙地於聘書名目上略做調整，改了一字，以師範學院「講席」而非「講師」聘任，以避免「講師」以上的學位限制，同時予以附註：「支副教授待遇」，深致禮賢之意。劉真老師的智慧，讓這門課程得以順利開設。

第二件事則更為特別，民國四十八年，劉真老師正在教育廳廳長任內，一日接到某監察委員來信，並附上孫子的作文簿，稱：「如何提升作文教學之水準，請廳長斟酌。」劉真老師詳讀附件，發現該生作文中寫到「落伍」一詞，將「伍」字誤作「五」字。當時教育現場的習慣，教師批改時，需先將別字圈出，囑咐學生改正；然而該生之授課老師，竟直接於「五」字旁，用硃筆寫一「武」字，老師的改正竟較學生錯謬更甚。某監察委員看到後，覺得無奈之餘，便作詩二句嘆之：「學生落伍一半，老師全部落伍」，寫在作文簿上，寄給劉老師。大概某監察委員因此覺得當時國語文教學師資之水平過於參差，便將此事知會劉真廳長。劉老師得知後，認為某監察委員所言甚有道理，必須嚴正對待，畢竟寫作能力關乎國民知識學養甚鉅，便下令當時各級學校教師，均須加強國文作文批改能力，但劉老師亦明白此事並非一朝一夕可成，若要速效，必須另闢蹊徑。劉真老師靈機一動，想到辦法，便吩咐當時各大學中文系教師，須定期將批改後的作文公開，讓其他教師觀摩。此令一出，雖然導致當時各中文系老師承受頗大壓力，但也確實收到了極好的成果，因為一方面中文系教師必須謹慎對待自己的教學，二方面中文系教師的專業，也能直接讓各級學校教師參考學習，對整體國語文教學——尤其在作文批改的密點、雙圈、錯別字訂正、眉批、總評等節——產生顯著的正向影響。從劉真老師分享的這兩個例子，我學習到面對問題時，如何靈活權變、有效解決。在我後來數十年的行政服務中，不斷地實踐之，都能收到很好的成效。

劉季洪老師

劉季洪老師於民國四十八年八月出任政治大學在臺復校第二任校長，此前擔任教育系主任，我曾修習他開設的教育行政專題課程，申請福建省政府獎學金時，也特別請他推薦，因此對我印象頗佳，特別關照。劉老師任校長後，時當大四的我，因為幫學校順利解決伙食問題，獲得他極大肯定，畢業後，我去金門服務五年，終因劉校長召喚，回學校任教。劉校長的知遇之恩，我至今銘感五內。

民國四十八年八月，我開始擔任學校伙食委員，負責全校學生的每日飲食。當時大學部、研究所每日伙食費預算為一百二十元與一百五十元，時常聽到學生抱怨餐食過素，葷腥不足，甚至貼公告，發出「可以居無竹，不可食無肉」的抗議。我詢問主廚的工友：「能否於午、晚餐提供兩份葷菜、一份素菜給學生？」工友說這樣的話費用不夠，一份葷菜、兩份素菜便可。然後再跟工友實際進行採買工作之後，發現當時木柵市場菜價昂貴，更增成本壓力。我轉念一想，何不到他處採買，以增加購買的品項與數量？於是便到臺北市果菜市場比價，發現果菜市場的價格較之木柵市場確實低廉許多。然而，如欲由臺北果菜市場進貨，則必須有貨車載運。我因為二哥、姊夫等人，與軍方關係較親近，便向當時鄰近政大的國防部人事次長室本部連連長請求幫忙，提供貨車一臺，讓我們早上六點到臺北市果菜市場採買。從此之後，學生們的伙食就改善許多了。辦好這件事，訓導處通知我記大功一次，劉校長對我的印象也更深刻了，認為這個學生辦事能力相當好。後來我聽教育系主任胡秉正老師轉述，劉校長甚至在校務會議上發言時說：「本校有許多優秀的學生，例如張長芳，畢業之後應該盡量讓他們留校服務。」胡老師頗為訝異地問我：「校長怎麼會點到你的名字呢？」我想，我們只是盡可能地把事情做好，而劉校長對學生的關照與提攜，才更是使人感佩的。

除此之外，劉校長所教導的智慧，我則是到很久之後才有所體會。特別是我在劉校長任內擔任總務長時期，因為行政服務，得以有許多機會在劉校長身邊觀摩學習，發現劉校長非常尊重行政主管；一旦他覺得主管所上簽呈內容不妥，也不會當面否決，仍批「如擬」，但會在後面括弧註記，指出應注意事項。一方面展現領導者的氣度，一方面也讓上簽者了解不足，而且，在指出幾次問題之後，行政主管也必然會曉得校長的意思，從而做出調整，同樣達到管理的效果。這是劉校長過人的領導統御能力，我在他身邊學了不少，後來我到致理商專任校長時，便時常想起劉校長的身影，並嘗試像他那樣管理。

順道一提，劉季洪老師除了在專業知識與領導統御上的教誨，他對身體的鍛鍊的重視與智慧，也給我不少影響。劉老師表面上看起來是文弱書生，但卻很注意鍛鍊身體。他每天早上都會將校長宿舍後院所種植的盆栽，一一搬到前院去曬太陽，傍晚又再一一搬回去，就像陶侃搬磚一樣，來保持身體的強壯與活力。有天傍晚，我到校長宿舍拜訪他時，他正好在搬盆栽，便向我分享若干心得。他說：「人總是有機會遇到若干病痛，但應適時調適，不可逞強。我某次搬盆栽時忽感頭暈，便就地坐下，調適好了再起身。若是一般習慣，可能會撐到進屋才休息，那就晚了，可能會招致更嚴重的後果。」他的這段心得分享，我十分受用，至今銘記。

孫亢曾老師

孫亢曾老師字侃爭，廣東梅縣人，生於民國前十三年，九十一年逝世，享嵩壽一百〇五歲，為德高望重的教育學者，曾任臺灣師範大學第五任校長。我在政大就學時，他曾來此客座，開設教育制度與學校制度主題課程。課程中曾提到，教育制度的設計應分為基本教育與選擇教育兩部分。

首先，基本教育等於義務教育，或稱強迫教育，教育年限在六年到十二年不等，目的在教授當代國民生活所需的基本知識。以當前的教育制度言，國民小學、中學，以及高中都屬於這個範圍。其次，選擇教育，顧名思義是非強迫的、選擇性的教育，學生可以選擇學校與專業科系，學校也可以選擇學生。其目的在為社會之需求培養專業知識與技術人才，讓他們可以參與職場工作，為國家建設貢獻專長。現在所謂大專校院，即屬於選擇教育。孫亢曾老師的授課，讓我得以從教育制度設計者的立場思考教育的意義與價值，後來我到金門，規劃金門中學復校計畫方案時，便是以孫老師的教導為基本架構來擘畫藍圖，最終也得到了金門防衛司令部的全力支持，這個部分會在下一章節細述。

吳兆棠老師

吳兆棠老師後來擔任省政府教育廳廳長，當時開設教育哲學課程，曾講過幾句話我至今銘記，吳老師說：「在學生啟蒙教育階段，老師要做學生航行的明燈；待學生心智成熟後，老師要做學生的良師益友。讓學生感到老師常在我左右，以『愛的教育』陪伴學生，則教育目標容易達成。」這真是作為教師應該時常置於心頭的至理名言。而吳老師本人也非常和藹可親，見我有經濟需求，便屬意我擔任其外甥的家庭教師。吳老師的溫暖情誼，至今仍常在我左右。

吳鼎老師

吳鼎老師是教育輔導的專家，曾任臺南師範學校校長，當時是新成立的輔導學會成員，對輔導機制進入校園有重要的推動之功。吳老師當時開設教育輔導課程，所指出的理念，尤其是「指導式輔導」——即以語言、身教或演示、環境布置等方式，讓學生從中薰陶、感染而自然形成風氣，最終得到潛移默化的輔導效果——讓我得以運用在後來的教學生涯中，乃至於在致理服務時，也多次向教師申論之，希望將致理打造成一所充滿良好風氣與教學品質的校園。

水心老師

水心老師曾任臺南師範學校教務長，當時開設教材教法課程，課程中談到教育八大原則，即準備原則、類化原則、興趣原則、自動原則、個別適應原則、社會化原則、熟練原則、同時學習原則等。前二項是針對教學的起始而言，三至六項多用於教學實踐的過程，最後二項則是教學成果的加強。後來又加上了科學原則與藝術原則兩項，成為「十大原則」。不過十大原則過於繁雜，水心老師在課程中，特別強調其中的「自動原則」與「同時學習原則」。

其中自動原則即「學習活動必須基於自發意願而主動參與，教師不能代替學生學習」的原則，也就是孔子說的：「不憤不啟，不悱不發」。後來我在政大任教時，一次中學教師檢定考試，教育部委託我和水心老師共同閱卷，其中有一題，請應試者回答何謂教師違反「自動學習」的例子？結果很多考生回答錯誤。其實很簡單，例如教授素描、水彩畫時，老師應該示範給學生看，讓學生從中學習，而非一遇到調色、線條問題就替代學生動手做；或是教授數學問題時，應該舉例題示範，讓學生充分了解題目意義，而非直接替學生解題。

另外，「同時學習原則」指學生在學習時，不單純學習到知識，同時也能在技能養成和習慣、品格等發展上有所學習的原則。大抵分為主學習、副學習與輔學習三部分。舉例來說，國文科教授朱自清的〈背影〉，主學習是語文與修辭，副學習可以是文中所提到水果與交通等補充知識，最後的輔學習則可談父子關係與情感等。歷史科如果講鴉片戰爭單元，主學習是鴉片戰爭的經過，即史實知識，副學習則可以談到五口通商的「五口」，或是鴉片的作用等，前者和地理知識相關，後者則和生物相關，輔學習則可以談人體健康及其所聯繫的國家民族如何強盛的問題。換句話說，教學時不可僅重視主學習，水心老師其實是在通過該原則向我們提倡「全人教育」的概念。如此一來，學校老師的工作就不僅

民國四十九年政治大學第二十屆（復校第二屆）畢業典禮影像（取自政大校史記憶資料庫，國立政治大學圖書館藏，登錄號ssic_npm_000157）

僅只是「教書」而已。總而言之，因為水心老師的重視，這兩條原則也在我的教師生涯中成為非常重要的信條，時時提醒自己，才能成為一位稱職的教師。

在政大教育系度過了充實的四年半之後，順利於民國四十九年畢業。正在思索未來時，姊夫和另一位軍中兄長捎來消息，金門中學即將推動復校計畫，問我是否願意前往承擔重任，我便因此踏上了戰區金門的土地，展開了我人生的新頁。

第二章

日正當中

壹　金門時期（一九六〇～一九六六）

一　金門中學之復校計畫

上世紀中葉，金門地區飽受戰火摧殘，歷經古寧頭戰役、九三砲戰、八二三砲戰後，滿目瘡痍，百廢待興。學校方面，最高學府金門中學停辦，部分學生轉介至臺灣本島寄讀；各鄉鎮小學也因校舍傾圮暫時無法上課，同時，許多學校教師為避兵禍，亦倉皇逃離。留在當地的諸多學童或青年，只能中斷學業，整個金門地區的中小學教育處於停滯狀態。

當時的金門，因為是一級戰區，所有的事務皆由金門防衛司令部（簡稱金防部）主導。因此，八二三砲戰兩年後，雖處於「單打雙不打」時期，金防部將領們仍極有遠見地指出：如要加強防衛及充實金門地區內涵，推動戰地政務，那麼中小學教育的整飭應為當務之急，便開始尋找專業、合適，且無懼戰火的人才，赴金門操辦相關事宜。

那時，正好我的姊夫楊又曾將軍出任九十二師師長駐防金門，而金防部參謀長于豪章將軍更是與我熟稔的兄長（其弟妹曾在國粹中學寄讀一學期，是我的同窗），于將軍和姊夫因此便想到了我——既是親近的晚輩，又是教育專業出身——如能主持操辦金門中學復校事宜，豈非再合適不過？便來詢問我的想法。收到消息後，我一思忖，覺得既是兄長垂詢，又正處危急之秋，我身具專業，自應當仁不讓，奮勇為之，於是答應下來。于將軍和姊夫便告知我，先草擬「金門中學復校計畫草案」一份，以供金防部參考。

我殫精竭慮，終於提出「金門教育振興計畫草案」，經過金防部大抵認可後，便風塵僕僕地乘船渡海。結果到了金門，我才驚覺原先的復校計畫猶如紙上談兵，因我對金門的地理環境、歷史背景、人口組成、教育設施，砲戰後現況等所知有限，因此原先的計畫有諸多不足之處。有鑑於此，我初到金門，便夜以繼日地閱讀資料，或向當地人士請益，希望能更深入瞭解金門地區。同時，我也想到在政大求學時，後來擔任師範大學校長的孫亢曾老師，曾在教育制度方面給我們許多的教導和啟發，即前節所提到的，教育制度應有基本教育和選擇教育二方面。在孫老師所授基礎上，我最終提出了金門地區教育建設計畫的修正方案。

在此方案中，我總結出一個核心理念，即：將金門中學打造為一「完全中學」，包含初中部、高中部與職業科，以成為金門地區教育的重鎮，使其在教授中高等學科知識的同時，也具備培育專業人才的功能，為地方建設做出貢獻。換言之，即同時包含基本教育與選擇教育，如此一來，才是真正百年樹人、為國育才的大計。

將此修正方案再次提交金防部後，終獲得極大的贊許與認同。金防部司令官劉安祺將軍更向我允諾：「必將全力支持本方案，並積極排除過程中的一切障礙，使之完滿實現。」就這樣，金門中學復校計畫開始如火如荼地進行了。

首先是建設部分。金防部司令官劉安祺將軍，令司令官辦公室主任姜漢卿少將及副參謀長，兼任金門中學校長與總務主任——等於是由國家一級軍事將領來擔任金門中學的主管——使諸多具體措施得以不受阻礙、順利推行。當時所有的建築設施，包括教學樓、教師與學生宿舍、浴廁等，都是在金防部的積極支援下建設完成。首先，于豪章將軍出面協調各部隊協助建設，其中學生宿舍為九十二師師長楊又曾將軍負責，體育設施為三十三師師長賈維祿將軍操辦，校門重建工程則為三十二師師長陳桂華將軍協調施作。有金防部的將官率隊，重建工程順利無比，圓滿告竣。其次，金門雖於民國四十九年改組成立金門發電廠，但電力供應仍然不足，全島大多數地區沒有穩定供電。那時如需用電，則必調用金防部各部隊的發電機；若只是一般夜間照明，則泰半租用煤油燈。直到民國五十七年蔣孝文先生出任福建金門電力公司董事長，金門方能全島有電。換言之，我在金門的那幾年，電力供應極度匱乏，若非金防部的全力支持，復校計畫將會遭遇極大困難。而就是在這樣的強力支援下，建設工程與硬體設施無虞，擔任教務主任的我，便得以專心處理一應教學與課程事務。

其次是師資問題。復校計畫伊始，教務部分的諸多難題中，最要緊的就是師資問題。當時的金門砲火連天，人口外流嚴重，不只金門中學師資不足，小學教師匱乏更甚。這是我統籌教務時，必須優先處理的要項。而此問題的解決，仍須感謝金防部。首先，金防部下令每師支派兩位大學畢業的預備軍官支援金門中學，以解燃眉之急。其次，徵求當時在臺灣本島學成的金門學子回鄉服務，包括臺灣大學農學院的盧錫銘、化工系許榮輝，政治大學西語系的呂水涵、外交系的李金塔、倪國榮，師範大學的蔡世炎、沈雪娥、董能招，以及中興大學農學院吳金贊等人返鄉任教（其中蔡世炎聘為教學組長，日後更擔任金門中學校長）。他們眷戀鄉土、犧牲奉獻之情，令人感動。於此同時，我也主動與金防部協調戰地加給事宜，以登報招聘臺灣本島教師赴金門任教，得到每月八百五十元的優渥戰地加給——當時本島中小學教師的月薪不過六七百元——有了這個誘因，我們得以招聘到質、量俱足的教師，作為金門中學復校的生力軍。至此，師資危機方才解除。

金門中學師資健全後，課程除了基本學科，也有美術、音樂、軍訓等科目，學子得以全方位學習，金門中學的復校事宜允稱完備。縱然於民國五十一年，司令官劉安祺將軍卸任，王多年將軍接任，導致金門中學主管人事改組（姜漢卿少將等離任）；但在一應基礎設施已經建設完成，我所領職務也不變的情況下，金門中學的教務仍然有條不紊地進行著。而且，在復校計畫實行之初，我便已明白我所承擔的任務，絕非金門中學一校而已，而是金門地區教育事業的整體發展，我在計畫修正方案中所提出的「完全中學」概念，當中「職業科」一項，便是面對金門整體教育及經濟情況所擘劃的。

在我的修正方案中，職業科包括特別師範科、農藝科、漁撈科、陶瓷科等，都是為了培育當地的政經技術人才所規劃。不過，實際推動時，頗多窒礙，以致農藝科到民國五十一年才開學；漁撈科起初因購船不易，後來在民國五十四年方設立漁撈訓練班；陶瓷科則因教材、師資問題而未能成立，但改設陶瓷廠取代之，仍然對於金門地區的重建做出貢獻。而其中在初期即取得卓越成果的，便是在民國四十九年復校時成立的「特別師範科」（簡稱「特師科」）。特師科的設立用意，即在於供給未接受轉介而留在金門的學子就讀，並得以專業訓練、培育當地教育人才，補足原本匱乏的小學師資。

從民國四十九年到五十二年，特師科共招收三屆學生，他們都是當時未能赴臺灣讀大學的當地學子，皆與我相處融洽、十分親近，後來都成為金門當地基礎教育的中堅力量。民國五十三年停招前[註二]，特師科一共培養了一百五十餘名教師，這批教師結業之後，分別服務於金門當地各鄉鎮小學，

註二　在民國六十年之後，因金門學子增加，加上部分前三屆教師赴臺灣進修，當地師資漸顯不足，金門特師科因此復招，又陸續辦了七屆。

包括軍方支持復建的柏村國小、多年國小、安瀾國小等十所小學。金門各地小學平均每所可分得十五位教師，整體師資前所未有地充裕，讓地方基礎教育正常化，也使計畫的最後一個板塊得以實現。

最後便是義務教育延長計畫。正因特師科的成功，讓我們看到了實行此計畫的契機。在特師科首二屆學生修業的同時，我便積極和金防部討論，準備在金門推行九年義務教育。當時臺灣本島已有多處試辦九年義務教育的計畫，但皆未能成功。我們認為，金門當時各鄉鎮學校校舍與師資既已漸次健全，當可順利推動九年義務教育，作為中華民國教育史的新猷。

金門縣有金城、金湖、金沙三鎮，及金寧、烈嶼二鄉，我們所規劃的九年義務教育的試辦計畫，先是預計在民國五十三年，在金城鎮由金城國小代辦，設立金城中學，作為第一年的試驗；順利成功後，於民國五十四年再陸續擴大到其他四鄉鎮執行，同時將金門中學改為純高中學制。而正當此計畫大體完成，準備正式施行的前一年，一個至為難得且重要的機緣，也是我人生當中至為光榮的一次際遇，在我毫無預料的情況下到來了。

二　先總統　蔣公蒞臨金門

民國五十二年十月廿五日光復節下午，金門風和日麗，因為國定假日不須上課，也無緊急待辦公務，我便換了運動服，在金門中學的戶外體育場和學生們打球、遊戲，師生一同揮灑汗水，不亦樂乎。正在暢快無比的時候，只見一位學生，從場外急匆匆地向我跑來，氣喘吁吁，卻一邊大喊：「老師！總統來了！總統來了！老師！」我一時還不能反應過來。聽得學生一再叫喚，我便趕緊跑去看看情況，只見校門外，總統與金防部的車隊迤邐駛來，且已有傳令兵趨前通知，原來真是蔣總統，由王多年司令官陪同，到金門中學來了！

當時金門中學的校長已非原來的姜漢卿將軍，新任的賴淮校長年紀尚輕，比我大不了幾歲，那時正好請婚假，返回臺灣本島完成終身大事。這次總統突然造訪，便由身為代理校長的我，代表學校接待。只是事出突然，緊急之下，我連運動服也沒來得及換，只稍整肅儀容，便前去迎接總統、侍衛長與司令官，並請移駕至學校的中正堂校長辦公室，總統也欣然前往。

總統上座之後，首先便告訴我，他這次會臨時來金門，是因王司令官報告，太武山擎天廳順利落成，他便來此巡視。而工兵部隊的負責人向總統報告建造擎天廳的過程——共費時四百餘日，其中必須經歷艱辛的爆破、鑽探等工作，終於從山壁中開闢出這樣一座雄偉的大廳，寬十八公尺、長六十四公尺、最高處達十四公尺，室內冬暖夏涼。平時可做重大集會會場，戰時亦可為避難之用。擎天廳的建設，彰顯了不怕難、不怕苦、不怕死的金門精神。如此成果，令總統十分肯定。於此同時，金防部王多年司令官等也向總統提及金門中學，稱復校計畫亦至為順利，於是總統便下令於擎天廳行程結束後，到金門中學視察。蒞校之後，見校舍儼然、師生和樂，在此前線戰區竟能不輟弦歌，總統亦頗為欣慰，於是當即對我嘉勉一番。

因是第一次謁見總統，我的內心不免緊張惶恐，但轉念一想，難得總統到此，必須讓金門中學乃至於金門地區教育事業的發展現況，向總統當面陳述，尤其是九年義務教育在金門推行的計畫。於是壯著膽子，向總統說道：「我想跟總統另外報告一件事情，因為金門中學教育設施與師資大抵健全，我們已準備在金門實行九年義務教育。」並將民國五十三年預計設立金城國中等規劃藍圖，向總統一一說明。

民國五十二年於金門中學與先總統　蔣公和同學們合照。（總統右後立者為王多年司令官）

民國五十二年於金門中學與先總統　蔣公和教師們合照。

總統聽聞之後，至為欣悅，除了詢問更多推動細節外，最後更讚許道：「在金門戰區，你不只能使金門中學順利復校，還能有餘力推行連臺灣都尚未做到的九年義務教育，可謂真真發揚了不怕難、不怕苦、不怕死的金門精神。」當即便決定邀請我參與隔年（民國五十三年）在中山堂舉行的教師節敬師餐會。那天下午，總統在金門中學待了約四、五十分鐘，並與師生合影後才離去。

三　民國五十三年教師節

民國五十三年的九二八教師節轉眼即至，我在前幾天便回到臺灣，入住當時正中書局的招待所，於教師節當天前往中山堂光復廳出席盛會。此次有二百八十餘人與會，其中一百六十八位是來自各地的資深優良教師，其他的列席人員為公私立大學校長和教育家。席位成釘耙狀，蔣總統坐在橫向主桌中間，其左右分別坐有副總統陳誠先生、教育部部長黃季陸先生、教育廳廳長潘振球先生、臺大校長錢思亮先生、師大校長杜元載先生，以及政大校長劉季洪先生等等。那時我年僅卅二歲，竟能獲邀參與此等盛會，心中惶惶不安。不過，能夠聽到各地優良教師報告他們傑出的教學服務成果，或是許多優秀的教育家提供對當前教育問題的中肯建議，著實獲益良多。

其中，有一位學者在席間報告時，針對臺灣應盡速施行九年義務教育的問題指出：「現在世界上，凡是一等強國，國民義務教育皆為九年；義務教育僅六年者，只能是二等強國；六年以下者，就更等而下之了。」蔣總統聽聞後，一方面深表贊同，另一方面似因此題而想起金門的教育計畫，又正好我的席次與總統頗近，總統竟當即指名，要我針對此題以金門經驗向大家說明。

指示來得太過突然，我事前也未準備，只能硬著頭皮起身，正在忐忑不安時，電光石火間我靈機一動，想起總統前一年在金門中學轉述擎天廳細節時，如數家珍的情景，便以金門不怕苦、不怕難的精神為講話主軸，首先指出：「蔣總統去年來金門時曾說，太武山擎天廳經歷四百多天工程，當中爆破、鑽探，開鑿山體等作業，至為艱辛，最後能夠擘建寬十八公尺、長六十四公尺、最高處達十四公尺的雄偉大廳，非常不容易……」，先將總統向我轉述的內容簡介一番，以說明金門「不怕苦」的精神。其次又說：「金門在金門中學順利復校，特師科培育師資之後，金門的教育逐漸歸於正軌，並已開始著手實施九年義務教育計畫，今年為第一年，在金城鎮設立金城國中執行，註冊率即已達百分之八十五，此後陸續將在金湖、金沙、金寧、烈嶼等地建立各鄉鎮中學，擴大施行……」藉此說明「不怕難」的金門精神，講到最後，我更帶著自信，向所有與會前輩們說道：「臺灣還做不到的事，金門已經做到了！」蔣總統聽罷頗為讚許，轉頭向身旁的陳誠副總統等人說：「你們也應該去金門看看！」

就這樣，我順利結束了教師節餐會之行，只是沒想到後頭尚有插曲。隔天（九月廿九日）晚間，我仍留宿正中書局招待所時，突然有人致電，我接起一聽，竟赫然是黃季陸部長。原來當天部長赴立法院備詢，某委員針對九年義務教育的議題諮詢教育部，說：「昨日金門代表的報告中，已經提到金門順利實行九年義務教育，臺灣本島卻尚未做到，請部長思考如何推動此一重要政策。」黃部長針對委員的質詢，回應道：「金門能做到的，臺灣一定也能做到。並且我們要將金門建設為中華民國義務教育的模範縣，臺灣建設為中華民國模範省！」黃部長致電我這個晚輩的目的，便是告訴我，他如何向委員宣告，同時再三向我保證：金門能做到，臺灣一定也能做到！

最後，就誠如現在所有的相關記載所說的：先總統蔣公指示教育部將民國五十六年六月至五十七年九月做為準備期，最後決議於民國五十七年實施九年義務教育，臺灣的教育史從此邁入了新頁。只是現存的資料中，在準備期之前的記載，往往只見得蔣公於民國五十二年赴金門巡視，指示金門地區試辦九年國教，設立金城國中等。現在我把當時的親身經歷記下，或可對臺灣的九年國民義務教育發展史稍作補充，而參與其中的我，或亦對其有間接推動之功吧。

四　我在金門的日子

我從民國四十九年赴金門，歷經五年，直到民國五十四年，因政治大學劉季洪校長輾轉託我

中央日報

CENTRAL DAILY NEWS

總統伉儷昨設午宴
款待資深優良教師
殷殷垂詢對當前教育文化意見
並讚揚教界人士堅苦卓絕精神

民國五十三年教師節餐會報導（中央日報民國五十三年九月二十九日）。

的學弟聯繫我，囑我回校服務，我才又踏上返鄉的旅途，回到政大服務。而在這五年當中，我見證並參與了戰後金門在砲火威脅下堅忍卓絕、戮力重生的歷史，也是我人生在日正當中階段的首個成果。

實在的說，金門的這段日子，在砲火連天的戰區，為教育事業篳路藍縷的經歷，可銘記者實在太多。除了宵衣旰食、戮力從公之外，那些金門的日常生活體驗，更是永難忘懷的滋味，至今仍歷歷在目。猶記得「單打雙不打」時期，逢雙日即偶爾和其他同事到金門城內吃飯小酌，享受難得的閑適，令人珍惜；逢單日則不時聽到砲聲隆隆，甚至發現，金門的學子從小便學會分辨大陸砲擊的位置，以判斷所在地是否遭受波及，需要避難——我才知道金門人會「躲砲彈」的傳聞都是真的，同時也對於金門學子如此年幼便須遭遇戰火摧殘，感到無比同情，並更堅定了我作為老師與教育工作負責人的意志。

而整體來說，我對金門教育事業的推動工作，始於金門中學復校，進而擴及九年國民義務教育計畫，涵蓋了初等中學到國民中學的名稱決定、因應國民教育學生良莠不齊問題，將教材調整成補充或輔導形式、成立特師科，集中時間培育專業師資，以及設備、預算方面的全力協助等面向。其中勞苦艱辛不足為外人道，但最終仍獲得頗值自豪的成果。總的來看，我在金門服務的五年，主要成果有二：一則健全師資並建立義務教育制度，二則培育了許多學生，後來都很有成就，為地方社會與國家建設盡心盡力，並和我保持跨越六十年的師生情誼。前者已見於上文，關於後者，則又有太多可講，在這裡略記一二。

在金門服務時，和我感情最好，至今仍保持緊密聯繫的，有特師科畢業生及代號「一二一五」和「一五一八」的兩批學生，至今仍約定每年重陽節、八月廿三日，及十月廿五日光復節相聚。所謂「一二一五」，即金門中學初中部第十二屆畢業生、高中部第十五屆畢業生。金門中學創立於民國四十年，「一二一五」的學生，便是在民國四十九年初中入學、五十二年初中畢業，民國五十二年高中入學、五十五年高中畢業的。「一五一八」同此，即民國五十二年初中入學、五十八年高中畢業的一批學生，且因義務教育制度推行，「一五一八」的學生也是金門中學初中部最後一屆畢業生。這兩批學生正好都是我在金門中學服務時所教導的。這批學生中，後來有成就的人很多，有當過金門縣長、議長、議員等的，例如李清正、陳水在、李國基和王水彰，他們都是「一二一五」的，也曾經做到金門縣長或議長，看著他們的成長，我也感到頗為自豪。

此外，特師科第一屆和第三屆的學生，也都長期和我保持聯繫。民國四十九年入學的特師科第一屆學生，年紀稍較有差距，入學時年紀十八歲至廿四歲不等，後來約定每年十月廿五日光復節，於臺灣、金門輪流舉辦師生聚會，尤其主辦人鄭慶利，在民國一百零二年還用心做了同學錄，內容載有學生親族照片、簡歷和聯絡資訊等。金門縣長楊鎮浯的父親楊肅元便是該屆學生之一。這些學生除了為金門教育做出貢獻之外，也有部分在其他領域如政治、工程上有很好的發展與成就，令我感到非常驕傲與欣慰。近年我因逾九旬，耄老體弱，不再能常與學生們相聚，但這份情誼仍將永存我心。

民國一一一年，第一屆特師科六十周年慶時，同學們給我的感恩狀。

民國一百年十月廿五日，金門中學特師科第一屆同學會時，與學生們合影。

貳 政大時期（一九六五～一九九四）

民國五十四年，國立政治大學劉季洪校長囑時任課務組主任、我的學弟劉濤致電金門詢問，希望我回校服務。接到此訊，我思忖良久，最終決定返臺。一則感念劉校長的知遇之恩；二則金門中學的整體教育事業已上軌道，我的工作亦可告一段落；三則我年紀尚輕，對新的挑戰躍躍欲試，於是便答應了劉校長的垂詢，從此開啟我人生中另一段重要歲月。

自民國五十四年開始，至民國八十三年退休，我在政治大學服務足足二十九年，其間蒙歷任校長信任，泰半兼領行政職，凡二十二年。可說我在政大服務的歲月，幾乎都在行政工作中度過，尤其在總務工作上傾盡心力。民國五十四年，我回校任講師並兼秘書。民國五十八年至五十九年，劉季洪校長即命我代理總務長一年。民國六十一年升副教授，在李元簇校長任內，赴公企中心任訓練組主任四年。其間又曾在民國六十四至六十五年間兼代理總務長一年。民國六十六年，歐陽勛校長上任時，我接任正式總務長，其間於七十一年升等正教授。到民國七十五年，陳治世校長更令我在總務長外同時兼任主任秘書，直到民國七十六年申請休假，方卸下所有行政職務。在這二十餘年中，我領總務長之職凡十二年，歷四任校長，操辦了政大在臺復校中期許多重要總務工作。

總務工作紛雜無比，所做又是因時、因地、因物、因人制宜的實事，與著書立言不同，很難得到他人真切的認識與評價。幸好，因參與的時間特別長，又處於政大的成長期，我在努力學習的同時，也盡可能思考更好的做法，最終得以協助學校的發展，留下了一些頗值自許的事蹟。現在便將一些重要的經歷，依次敘寫一番，以誌念我在政大奉獻的時光。

一 從做中學：返校任教、擔任秘書

民國五十四年，我蒙劉季洪校長提攜，返校以講師職兼任秘書。大概因為大學時擔任伙食委員，操辦學生伙食一事做得不錯，劉校長認為我有行政方面的長才，便囑我在各處室以秘書身分協助，並從中學習。因為那時教務處的秘書是前輩苑覺非老師，因此我泰半在總務處服務，逐漸熟稔相關事務與知識。於此同時，也兼任陳大齊先生、陳立夫先生的研究助理，在兩位當代大儒身邊學習，讓我哲學、儒學方面有長足的進步。不過這段期間最主要的還是秘書工作。

其間有一件事令我印象深刻。民國五十八年，我聽聞有某研究所講師抱怨政大行政效率奇差無比，甚至到影響發薪水的地步，頗生怨懟。我感到相當訝異，便想著深入了解箇中原委。多方打聽之下，才知道原來該講師邀請某專家蒞校演講，申請兩千元演講費，申請表經過各級主管簽核，卻直到演講當天還未能從出納組領到費用，所長只好要該講師墊付。兩千元金額在當時委實不算少，因此該講師頗為不滿，便四處向人抱怨。

我聽聞此說，心中更覺疑惑，依我在總務處工作數年的經驗，此事極不合理。我最後直接找到該講師，詢問是否有什麼誤會，他頗為氣憤，從抽屜裡拿出申請表，怒道：「哪有什麼誤會，你看看，全都簽核了啊，為什麼去了出納組好多次，總是說沒有這筆錢呢？這不是行政效率差是什麼？」我看到他把公文從抽屜裡拿出來，頓時就明白了，心中苦笑，便跟他說：「是都簽核了沒錯，但你把它放在抽屜裡，就算再過兩年也拿不到這筆錢哪。這個公文應該要送交會計室辦理，之後便會發傳票給出納組，出納組才能依傳票撥付這筆費用……」如此這般說明一番，這場誤會方才解開。同時我也感嘆，一位已經讀到碩士、在大學任教的教師，對於報銷的行政流程竟如此無知，從而產生不必要的誤會。

有鑑於此，後來我擔任總務長，便積極推動總務處與會計室舉辦定期座談會，讓學校教職員了解相關事宜——我們絕不可輕視這些知識——尤其政大到了陳治世校長時期，決定將事務費下分給各系所自行處理，但各系所若不了解財務工作或報銷流程，則縱有經費也無法妥善運用哪！

總而言之，我在這些工作經驗中，越發地感到行政事務的不容易及其對學校的重要性，最後更認為學校教員參與、了解行政工作有其必要。乃至自政大退休，甫接任致理校長時，我便要求校內教師必須兼任兩年行政，建立基礎行政概念。這並非基於成本考量，而是讓教師們學會體諒行政人員，並有能力配合、推動學校行政業務，如此整個學校才得以有效整合，用充分的能量向前邁進，而非在行政事務上損耗彼此。

二　推廣業務：公企中心訓練組主任

大學的教育工作除了教學、研究與行政之外，推廣也很重要。政大在推廣工作上的成效一向質量俱佳。民國五十一年，政大與密西根大學展開合作，隔年簽約成立公共行政及企業管理教育中心（簡稱公企中心），迄今受訓學員已有二十多萬人。

我在民國六十一年順利升等為副教授。隔年，劉季洪校長卸任前，本來安排我擔任政大實驗小學校長，見我不大有意願，正好公企中心訓練組主任出缺，便讓我去增加歷練。六十二年八月，在李元簇校長接任時，我在公企中心的工作也隨之開始。

那時中心有幾個基本班：語文班、華語班和會計班。語文班是指西語視聽相關課程，由西語系的林伯英教授負責。會計班則分為初會、中會、高會、管會、成會等班，連續三個月，每週一、三、五密集上課。此外，公企中心另有與廠商、政府合作開班，這個部分便是我開發辦理的，例如為了推展國際市場而與國貿局合作的課程。

這個課程的辦理契機，主要是因為六十二年石油危機爆發後，針對阿拉伯市場的拓展，需要阿拉伯語文的人才，而政大是當時唯一能提供該語言專業訓練的大學（東方語文學系阿拉伯語文

民國五十六年的公企中心（取自政大校史影像記憶資料庫，國立政治大學圖書館藏，登錄號ssic_npm_000247）

組），因此由教育部協調，讓我們和國貿局展開合作，設立國際市場拓展講習班。此時和我密切聯繫的，是蕭萬長先生。

蕭萬長先生與我是政大室友，相交甚篤，多年後，致理技術學院新大樓落成時，我也曾邀請時任行政院院長的他來演講。從大學開始，他的表現即相當優異，畢業後一路順利通過普考、高考、特考考試。那時他正好從外交部二等秘書之職調任回臺，為國貿局第四組副組長，我們兩位老友便通力合作，研擬規劃該講習班。

一開始，我們希望招攬已有經驗的國際貿易專業人士，進行為期一年的密集訓練班，從每天的課程和生活中養成語言能力，但這個方案招生頗為慘淡，後來才調整為一般的訓練課程。不過於此同時，為了培養真正的專業人才，我們也決定直接在政大校內，由國貿系和阿拉伯語文組合作，以養成有阿拉伯語言能力、又具國貿專長的大學畢業生，與公企中心的訓練班同步並行，期使未來能夠順利開發、拓展阿拉伯市場。

另外公企中心也曾針對臺灣菸酒公賣局人員開設講習班。當年的公賣局長是吳伯雄先生，他是我內弟在附中的同學。因為那時公賣局稅收已占臺灣省稅收近百分之二十，長官希望吳先生能再提高收入盈餘。民國六十二年開始，我便時常參與公賣局的主管會議，在參與討論的過程中，我提出專業素養提升和品牌創新的建議，並在公企中心提供公賣局人員受訓機會，開設相關課程，後來也獲得不錯的反應。

在我參與期間，目睹了兩件有趣的事。第一件事情是，當時公賣局為了提高營銷，經過市場調查之後，發現飲用啤酒的男女比例頗為懸殊，希望能夠提高女性市場，因此推出了一款「淡啤」，酒精濃度僅有百分之二，並一次生產了五千萬打。結果因為太淡了，銷量頗為悽慘。後來便藉與阿拉伯國家建立關係的機會，將這一批淡啤抽出酒精，使之成為啤酒風味飲料的「非啤酒」，以外銷因伊斯蘭教教義而不能飲酒的阿拉伯國家。從「啤酒」到「淡啤酒」，再到「非啤酒」，生意場中五花八門的名目和賺錢的方法門路，實在令我大開眼界。

另外一件事情則是，民國六十二年內政部勞工司草擬勞動法，主張每月廿三個工作天的加班時數不能超過四十六小時，然而，當時的公賣局人員收入中，很大一部分來自加班費，一個人一個月往往可以報到六十小時以上的加班時數。新的勞動法使得公賣局人員的收入一下降低許多，產生不小的反彈；但加班費畢竟也常有虛報問題，無限制地報加班費，造成公賣局的成本過高，也非營運之道。為了解決這個勞資爭端，勞工司秘書與會時講了一個故事，說他到日本的上野動物園，看到猴子們因為每天給觀光客表演過於疲勞，導致行為失常，以至於要動物心理學家協助。從而表示：動物都不能太疲勞，何況人類？以此說明勞動法新制的本意，是在保護受雇員工的身體健康，進而調解公賣局人員的不滿情緒，最終得以解決爭執。我對於該勞工司秘書圓熟的說話技巧印象頗為深刻。

另外，公企中心還有一門和業界廠商合作的會計課程，也是我負責的。其中也有一個特別的事情。某次因課程主題是節稅，我邀請會計系盛禮約教授開班。有趣的是，因盛教授是虔誠基督徒，便希望我必須每週末去聽證道，他才願意到公企中心授課。這個會計班同樣採密集上課方式，兩個月每週一、三、五上課，一個月收費六千元，在當時算是價格不斐，但若以課程編排和規格來看，二十二次專題講座加上兩次綜合討論，專題講師、課程助理、工友、課間茶敘、設備場地等費用加總，其實也沒有太多盈餘。而在這個會計班開課過程中，因為支出金額不少，必須每兩週上簽呈請款，負責送文的工友抱怨簽核的主任很少出現，為什麼主任拿的薪水比每次上課都必須出現的工友多。主任便用投資理論解釋：

接受高等教育和出國留學都算是長期的投資，他現在拿高薪才開始回本，工友一聽便心服口服。

這個例子也可運用在義務教育中——我們如欲說服學生出席上課，其實也是同樣的道理。美國一九四〇年代的調查報告顯示，國民所得五千元美金以上者，曾接受高等教育近百分之五十八，中等教育者百分之三十一，初等教育百分之十一。這樣的結果呈現出接受高等教育者越有機會拿高薪，同時也不否認未受高等教育者可以賺大錢的狀況。投資理論可勸說學生接受教育、認真讀書，就越有機會拿到優渥的薪水或累積財富。

最後，還有一則小故事可以附記於此。民國六十四年開始，公企中心也負責協助公務人員主管訓練課程。當時以職等分級辦理，十二職等以上在陽明山革命實踐研究院訓練，六至八職等各部會自行訓練，公企中心則負責九到十一職等的訓練課程。每次課程為期六周，我們當時設定了三民主義與溝通管理主題的相關課程，邀請知名學者如孫震、朱建章等人授課。一直到人事行政局成立之後，公企中心才不再協助這個課程。

而就在民國六十六年，當年度的課程結訓時，李元簇校長帶我一同上陽明山，在革命實踐研究院裡面，和其他各部會人員合照。合照時的主席是時任行政院長的蔣經國先生。照完相後，我便在前廳等李校長一同下山，過了半晌他才出來，我問他什麼事情耽擱了？李校長說：「蔣院長留我下來談了一下，先是問我身體狀況如何，我答說都還好，結果他就說：『那好，你就來接教育部長吧！』」原來，因為不久之前救國團辦理訓練活動，造成蘇澳外海翻船，三十二名師生罹難的慘案，教育部長蔣彥士先生因此辭職，部長一職懸缺，蔣經國院長便在當天面邀李元簇校長出任。就這麼幾分鐘時間，李元簇校長便從政大校長升任教育部長，能夠見證這第一手消息，著實令人又驚又喜。

以上便是我在公企中心任內印象較深的經驗與所得。而我負責開辦的課程，在我卸任之後，也大多持續地辦下去；對公企中心早期的課程開發與業界合作等發展，我想應有一定程度的貢獻。

三　出任總務長：推動薪資發放新制

我任公企中心訓練組主任之職共四年，其間又曾因原總務長告病假，兼任代理總務長一年。直到民國六十六年，歐陽勛校長正式任命我為總務長，一做便是十年，總務工作可以說是我在政大服務的歲月中，所獲經驗與心得最豐富的部分。

當時總務處有事務、保管、文書、工務、出納、環保六組。我在上任總務長之初，為充分瞭解總務處業務，而積極與各組主管、職員進行訪談，其中出納組長反映了一件事，即：當時出納工作極為耗時繁瑣，且不時造成財務出入的問題。

首先是發薪。當時的作法是這樣的：每月一號發薪日當天八點半，學校便會派車到臺北市，拿國庫支票去領現金，到九點多，近十點左右，再將大量現金運回學校，出納組根據全校教職員工名冊及其待遇，一一將各人薪資分袋裝妥並寫明金額，這個工作極為繁複瑣碎，且常出錯，以致結算金額有所落差，這時就得全數重算。一般如果沒有錯誤，也要到下午三點左右才能將薪資發放出去，一旦出錯，那就更加曠日費時了。其次，除了發薪之外，出納組還得負責獎學金、出差費、各類事務費等零星支出，在項目繁多的情況下，不僅效率欠佳，也常有錯誤，又必須要流用學校其他資金以貼補差額。

我了解出納組的難處之後，便不斷思考如何解決這個問題。後來我想到一個辦法，就是與銀行、郵局人員協調，直接將學校薪資以及獎補助金等款項存入金融機構戶頭，學校的教職員生只要先行開戶即可，且亦能享有相對的儲戶福利。據我的印象，當時全國大專校院只有清華大學採用類似做法，但那是因為該校資金為庚子賠款方如此，可說是特例。

民國六十七年，我建議政大試行此法，實驗一年，獲得行政單位與教職員生的普遍認同，可說極為成功。便在民國六十八年正式施行，不久之後，更因為效益卓著，教育部乃通令全國學校可仿效之，最終各大專院校也都採用這個做法。事實上，與銀行或郵局合作，也等於學校與其建立互惠方案，完全是雙贏的做法。此後我到致理擔任校長時也如此辦理，且我更與中央信託局協商，爭取教職員工存款比照信託局員工存款利率的優惠，讓致理的教職員工得以享有更好的福利與待遇。

四　工程會報：知識學習與制度建立

（一）熟悉並學習工程知識

我任職（含代理）總務長期間，曾負責辦理的政大重要建設工程甚多，然而，由於我是教育學背景出身，在這方面從未受過專業訓練，只能從實務工作當中不斷學習，並閱讀大量資料以幫助判斷。

例如開標就是一個大學問。開標法令規定本來繁瑣，一定金額以上必須公開招標或比價、議價，而審計部中央標準和各地方部會單位又各有標準。開標性質也分兩部分，程序上先比規格標。凡是物品都有壽命週期，所以價錢、配合環境、使用費用等條件皆需考量在內，採購規格需合理，並對學校最有利。然而採購最為難之處，就是物品檢驗品質結果往往是不公開的，對採購形成一定的困難；接著是價格標，又分為最低標和合理標的類別，合理標會有搶標、保證金或廢標的問題考量，選擇以低於底價者為佳。

假設我們要蓋一座預算六億的建築，開標時或有投七億、八億者，最後投五億九千萬者得標；但若有投五億者，雖然開價最低，卻不合理，因一般預期合理利潤要百分之十二，這也是必須要考慮的問題，並非僅止於價格便宜。我曾經聽過一個例子，臺南科學園區曾因高速公路與鐵路過近，導致震動過大，影響精密儀器之製作，所以規劃避震建設工程，以一百八十億預算開標，結果僅一家以三十億投標，提出以堆疊廢輪胎避震的規劃。因為作法太不合理，便被否決廢標。又如某年，政大為了建築整修，編列十萬包水泥的採購預算，接著登報招標。先後開標兩次，同樣的三家廠商竟以一模一樣的價格出價。這樣的結果讓我相當疑惑，我與廠商相談之後才發現水泥業為求市場寡占壟斷，內部有所謂「公約」，不能彼此削價競爭。在我考慮之下，後來決定與廠商進行學者講座和產銷研究的產學合作案，以爭取更好的採購條件。

大抵來說，建設、採購案的開標過程，除了要熟悉法令

民國六十六年中正圖書館興建工程（取自政大校史記憶資料庫，國立政治大學圖書館藏，登錄號ssic_npm_000862）

規定之外，也要能掌握市場價格、產業面貌，並靈活思考、積極溝通，才能得到最有利於學校的結果，這些都是我在實務工作中累積的經驗。除此之外，還有像土木與水電工程必須互相配合，因此承包出去時究竟應採統包或分包的問題。或是在支付廠商費用通常會留兩成到驗收時才結清，以避免後期工程品質下降的做法。又或是建議投標比圖時，額外支付費用給第二名的未得標者，作為其準備成本的補償；除了讓我們能得到更好的標案計畫外，也提升了學校與廠商之間的正向關係，讓之後的工作得以更為順利。這些都是我在繁雜的實務工作中所學到的寶貴經驗。後來，我更曾與黃大洲先生分享這些心得，民國七十年，黃先生接任臺灣大學總務長，因為他是學農的，跟我一樣，總務工作都得從基礎學起。

（二）工程會報制度的建立

此外，從民國五十八年劉季洪校長囑我代理

民國七十六年藝文中心興建工程（取自政大校史記憶資料庫，國立政治大學圖書館藏，登錄號ssic_npm_000472）

總務長時期，因為開始參與大量建設工作，為了確實掌握工程進度並解決困難，我便已建立了由總務長主持的定期工程會報制度。畢竟學校工程雖然聘請建築師設計，由得標廠商施行，但學校主事者若不甚了了，也會滋生許多問題，此時工程會報的優點就展現出來了。

這個工程會報每兩周舉行一次，通常由建築師、監工人員、工地主任與廠商等分別報告，一般要處理兩個重點：

第一個是工程進度問題。每個工程都有預設的工期與工作天數，但往往會因氣候、人力而延宕或增加，導致可能無法如期完工。在工程會報時，建築師和廠商會分別向總務長報告目前的狀況，並協調可以伸縮的空間。

第二個是加減帳問題。工程在進行過程中，往往會遭遇到許多突發狀況，從而增減原先預設的各項支出。例如建築師設計之前，必須先經過建地鑽探，至少要鑽探三點，以便了解地質狀況，但是三點鑽探可能無法真的掌握建地地質全貌，因此實際進行時，便有可能要重新鑽探、重新打樁，並計算加減帳。畢竟工程的計價非常重要，光是完工計價或在材料進場時計價就有許多學問，何況工程中的種種細項？一個負責的總務長必須要隨時掌握目前的契約與帳目，定期的工程會報使我能做到這點。就工程會報的建制言，可以說我除了積極學習相關事務之外，也在試著慢慢地將學校總務工作制度化、體系化。而這個工程會報的制度一旦建立起來，確實能夠讓我有效地掌握工程進度，而我負責的所有建設因此也都能如期完工。

五　篳路藍縷啟山林：開拓山上校區

我在歐陽勛校長時代的總務長任內，開始負責規劃、辦理山上校區的開拓事宜。

政大自民國四十三年在木柵鄉復校，背靠指南山；到六十年代，山下僅約二十公頃的平面校地已大抵被利用無餘，隨著學校規模的發展，不得不將眼光投向山上土地。這在政大校史中有大略的記載，不過也僅止於「鄰近山坡地之收購或撥用也擴增了學校幅員，逐步向山上校區發展」等寥寥數語，事實上這個過程頗為繁複艱困。

首先，後山有大約八十公頃的土地，多為當地民眾所有，明確有主之土地，我們需要與其協商購買事宜，那時土地公定價格一坪約二十到四十元，但往往需要十倍甚至二十倍的出價，否則居民是不願意賣的。其次，山上墓地甚多，且大部分為無主墓，共近百座，因此我們也得妥善處理墓主遷葬或安置的問題，若是有主墓，我們則須給予親屬遷葬補助。這些都需要大量的溝通、協調才能取得共識。最後，因山上土地的所有權頗為複雜，許多無法找到地主、甚至沒有明確地號的土地，則需公告徵收，這時就牽涉到都市計畫相關法規，我們將徵收案呈報內政部之後，便由臺北市都市計畫委員會召開審議會討論，數次的會議都是我代表學校出席。

那時，參與會議的委員包括臺北市政府各主管機關首長，以及當地民意代表等。第一次開會的時候，不少委員表示反對政大徵收指南山土地，我心想這下難辦了。到第二次開會時，情勢逐漸明朗，當時有幾個關鍵委員向我們提出條件——接受的話，他們下一次開會時，便會表態，促使徵收案通過。一共三人提出條件：其一，臺北市建設局局長，要求政大提供現在後門旁的一塊土地，興建農會倉庫。其二，臺北市工務局長張孔容，其母親之墓正好位於政大中正圖書館後方，因其認為該地風水絕佳，無論如何不願意遷葬，希望政大保留該墳墓，否則將以工務局長身分不予通過。其三，當時的木柵鄉鄉長張榮森表示，後山有約一千餘坪土地，乃其張家自清代移墾以來先輩所留之祖地祖厝，亦希望政大保留。

我們評估之後，最終妥協，答應了上述條件，保留該三處土地，然後徵收案便通過了。直至今日，政大校園內還能見到張孔容母親之墓、農會倉庫，以及張家之祖厝等；這些都來自於當時協商時，不得不妥協的結果，也因此造就了政大校園內的特殊風景。

除此之外，辦理過程中，也曾遇過意外順利的協商對象。我印象最深刻的是位於渡賢橋旁，當時某煤礦公司董事長父母親的安息地，不僅富麗堂皇，周圍如嚴家淦等名人題贈匾額對聯，更不知凡幾，是後山最大的一座墳墓。我原先覺得可能會遭遇不小困難，但該董事長聽聞我們要開拓校地，非常樂於協助，最終協議以臺幣五十五萬的費用遷葬——這在當時可稱鉅款——而他竟分文不取，將其全數捐給政大做為獎學金，真是一位值得尊敬的仕紳。

總而言之，經過數年的努力，溝通、協調，我們終於得以將指南山納入校地，並陸續將地整平，並開闢環山道路。在整地開路的過程中，陸續發掘了七十餘座的無主墓，我們遵禮起出遺骨，並在產業道路的邊上蓋了一座納骨塔，將之妥善收藏，我更吩咐總務處的同仁，未來必須春秋兩季都去慎重祭拜。

最終，後山的開拓得到約十塊建地，並陸續興建包括道藩樓、百年樓、藝文中心暨大禮堂、研究生宿舍、自強宿舍、季陶樓、網球場、傳播學院，以及後來的研究暨創新育成總中心等建物。同時，除了環繞政大全區的環山道路外，並因醉夢溪流經校園，分別在民國六十八年與七十二年，興建渡賢橋與濟賢橋二座橋樑，成就了現在的政大校園規模。其中，除了研創中心外，其餘的山上建設，都是在我擔任總務長時期興辦的。

而不能不特別一提的是，山上校區的開拓，除了明顯可見的建地與建築外，還有一項非常重要的工程，一般的教職員生都不曉得，那便是供水系統。政大一旦往山上開拓，原先的蓄水池與供水管路便不敷使用。最早政大在學思樓側門旁，有一座三百噸的蓄水池，山上校區建設後，便在圖書館右邊加蓋一座四百噸的蓄水池，再通過加壓大管，送至山上道藩樓前新建的三百噸蓄水池。

民國七十三年政大環山道路一隅，由上至下分別為體育館、道藩樓、精神堡壘（取自政大校史記憶資料庫，國立政治大學圖書館藏，登錄號ssic_npm_000899）

縱然如此，道藩樓前的蓄水池，仍不足以供應更高的山上建設如學生宿舍等。最後我和建築師決定在百年樓後面的山上興建一座四百噸的蓄水池，上面還蓋了一座亭子，叫待曦亭。因此蓄水池位於政大的最高處，水壓充足，便得以供應所有山上校區。然而，就在施工的時候，相關單位指出，政大後山有斷層通過。如果發生地震，可能震斷重要的管線。於是，我們為了保護從待曦亭沿著山坡往下的大管，於民國七十六年建了一座步道，藉由步道的鋼筋水泥圍護管線。原規劃四百二十餘階，然陳治世校長以為四字不吉，最終改為三百九十八階，使得部分階梯高度特別地高。這座步道後來命名為「行健道」，許多政大師生或社區民眾都曾走過，卻未必曉得這條步道做得如此曲折陡峭的原因，竟是為了保護重要

民國八十一年的風雨走廊和校內公車（取自政大校史記憶資料庫，國立政治大學圖書館藏，登錄號ssic_npm_000919）

民國八十年拍攝的行健道（取自政大校史記憶資料庫，國立政治大學圖書館藏，登錄號ssic_npm_000925）

的供水管線。

最後，在山上校區逐漸建設起來之後，為了師生上下山移動的安全，我也在民國七十一年，負責興建「風雨走廊」——一條遮風避雨的廊道——從四維堂開始一路沿著環山道路，到山上的道藩樓為止。雖然中間因為經過渡賢橋，水利局不肯讓我們在橋上興建遮蔽物，無法涵蓋全線，但數十年來，風雨走廊仍然陪伴了一屆又一屆的學生們上下山，為他們遮風擋雨，直至今日。

此外，因為學生宿舍和藝文中心以及山上球場等，距山下校區實在頗為遙遠，坡道又不好行走，我便想著是否能讓校內有接駁的專車，接送師生上下山？正好那時政大實驗小學有和遊覽車公司配合的專用校車，每天早上下午，上放學時接送孩子。我聯繫了該遊覽車公司，看是否能請該專車於白天的六個下課時段，到政大校內接送師生。協調後以一個月八萬元左右，請了一臺遊覽車負責。而從那個時候開始，我便決定讓學生們每趟乘車時，皆投幣一元，一方面讓乘車者因付費而珍惜，也不會造成學生太大負擔，一方面作為作為車費的補貼——當時一個月大概能夠收到一萬餘元。直至今日，雖然合作的車行已與當年不同，但「一元公車」的做法仍被保留下來，成為這數十年來所有政大人的共同記憶。

總而言之，開拓後山、興建建物，乃至於種種相關事務的辦理，可說是我在歐陽勛校長時期的總務長任內最困難、最複雜，但成果最豐碩的工作，也令我非常自豪。

六　校史之一斑：曾參與之政大建設

政治大學在民國六十到七十年代，因為學校成長快速，增建了許多新的建築設施，多半至今仍屹立不搖地服務政大師生。而我有幸參與了政大這段成長期，並負責辦理大多數建物的擘建或改建事宜。擇要而言，包括劉季洪校長任內的大勇樓、大仁樓、大智樓、社資中心、集英樓、學輔中心、南苑單身宿舍，以及齊賢新村、禮賢新村、道南新村等眷舍改建；李元簇校長任內的游泳池、憩賢樓、中正圖書館、體育館；歐陽勛校長任內的學思樓、道藩樓、百年樓、中山館、季陶樓、藝文中心暨大禮堂、新苑單身宿舍；以及陳治世校長任內的行政大樓、傳播學院等等重要建設的興建或改建，我多數參與自規劃、開標到落成、啟用之完整過程。此外，歷年來許多大學生、研究生宿舍等的興（改）建，也都是我負責辦理的。在這段期間，經歷的事務無比豐富，也讓我跟著政大一起成長，在這裡粗略地寫下一些印象深刻的經歷與見聞，聊做政大校史之補充。

先說教學樓部分。首先，劉季洪校長時期，曾命我在民國五十九學年度代理一年總務長，因當時的總務長張慶凱教授，為了參選中央黨部委員會選舉，遭受不少政敵攻擊抹黑，盛怒之下導致中風，我於是臨危受命，更旋即參與了大智樓、大仁樓與大勇樓的建設工程。這也是我第一次負責辦理學校建設，學習到許多寶貴的經驗。而誠如前文所提到的，我也在這個過程中，建立了由總務長主持的工程會報制度，使得所有的工程皆可以在期限內圓滿完工。

同時，在劉校長任內某年，因有剩餘經費，除了令總務處採買各類生活五金用品之外，我更提議購入一定數量的水泥，以備後續建設使用。不久，便於政大大門附近興建了輔導中心大樓，即現在由臺北市立聯合醫院承包的健康與心諮中心。當時本來要效法之前的果夫樓、志希樓、天放樓等，命名為「季洪樓」，但劉校長不肯——後來的歐陽勛校長任內興築其他建物，亦亟請「季洪樓」之名，劉校長仍堅辭不許，可見其為人之謙恭。

大智樓、大仁樓、大勇樓（取自政大校史記憶資料庫，國立政治大學圖書館藏，登錄號ssic_npm_000179）

另外可以順道一提的是，民國四十八年七月十五日，政大因畢莉颱風侵襲導致淹水後，幾年內連續發生七次嚴重水災，水漫逾一層樓高，師生苦不堪言，至今仍是早期政大人無法忘懷的記憶。當時，劉季洪校長便囑我辦理將田徑場墊高兩公尺事宜，順利完工後，雖然仍不時淹水，但已不若之前那般嚴重。

話說回來，劉季洪校長任內所蓋若干建築，形制皆較簡單，如火柴盒一般，後來已逐漸改進設計，例如井塘樓，便請了曾經設計中山樓的著名建築師修澤蘭女士來主持，以半圓弧呈現，在當時的校園內極具特色。不過井塘樓興築時，我在公企中心，便未參與。直到李元簇校長後期，命我代理一年的總務長，又開始負責諸多建案，包括體育館、游泳池與圖書館等，其中以圖書館最為重要。

當時李校長大刀闊斧拆掉了許多舊建築，以興建學校的總圖書館，並且李校長立下宏願：希望這是全國最大的大學圖書館。任務委派下來後，我找了建築師設計藍圖。最初規劃的樓地板面積是三萬八千多平方公尺，已經相當大了。結果，當時中興大學也在規劃蓋圖書館，他們招標

現今的中正圖書館（取自維基百科公開授權影像）

的設計圖竟達四萬一千多平方公尺。李校長聽聞之後完全不能接受，便讓我想辦法勝過中興大學，我在和建築師討論過後，決定增加一定數量的書櫃區域，讓樓地板面積變成四萬二千五百多平方公尺，勝過了中興大學圖書館，成為當時全國最大的大專校院圖書館。

然而，沒過多久，中興大學又申請了第二期圖書館工程預算，將其中一區隔為六層書庫，多了七百五十平方公尺，又生生地比政大圖書館大了一點。「這麼厲害！」我後來跟李校長說這事時，他實在又無奈又好笑。

另外，當時李校長與校友會會長潘振球教授、立法委員吳延環先生等研議，欲在圖書館內設立蔣公坐像，亦由我負責，透過潘振球先生請了某職校雕塑科師生製作[註三]，並作為其學期課程成果。最終花了三十九萬元，設置於圖書館正門大廳內，希望能讓師生親近。此後蔣公於此安坐數十年，因為時代變遷，前幾年被移除了。

民國六十七年圖書館內蔣公坐像（取自政大校史記憶資料庫，國立政治大學圖書館藏，登錄號ssic_npm_000526）

順道補充一件後來發生的事情。民國六十六年後，李校長奉命任教育部長，便找我擔任當時各大學申請建設審核委員會的委員，審核工作中印象最深的，又與中興大學有關。那時我隨委員會到中興，才發現他們在圖書館前建了一座形狀是中國地圖的湖，叫做中興湖，美輪美奐。回來報告李部長，部長大為詫異：「怎麼可以這樣呢！」又期期不以為然。雖然他已經不做政大校長了，竟仍要我也想辦法讓政大有座湖，我實在傷腦筋。後來靈機一動，想著是否能將流經校園的醉夢溪，建一座水壩攔截溪水，就可成湖，人們可以在上面划船哪！不過這個夢想後來被水利局迅速否決就是了。可見總務工作雖然繁多紛雜，頗為辛苦，但仍有一些趣事，現在想來不禁莞爾。

言歸正傳。到了歐陽勛校長時期，因為開始往山上開拓，陸續蓋了道藩樓、百年樓、中山館、季陶樓等，都在半山腰上，讓許多的院系所有了獨立院館。其中百年樓由文學院進駐；道藩樓本來是一般教學大樓，後由外語學院進駐。中山館原為三民主義研究所所在地，民國八十七年被某畢業學生縱火燒燬。季陶樓建起之後，本來要將商學院移上去，當時的院長鄭丁旺先生不肯，最後由法學院進駐。民國八十年代綜合院館蓋好之後，法學院又移到該樓，和社科院等共用。直到前些年郭明政校長將憩賢樓拆除，準備興築新的法學院大樓，法學院才又有了單獨院館。現在的季陶樓，則由歷史系、英文系、日文系等共用。

順道一提，民國七十一年，由歐陽勛校長倡議，為了紀念民國三十八年投筆從戎，加入戰鬥內閣，

註三　巧合的是，四十餘年後，致理製作梁秉權董事長的銅像時，所邀請的雕塑家，即為當年參與蔣公銅像製作的其中一位學生。

民國七十四年的道藩樓（取自政大校史記憶資料庫，國立政治大學圖書館藏，登錄號ssic_npm_000684）

民國七十五年的百年樓與精神堡壘（取自政大校史記憶資料庫，國立政治大學圖書館藏，登錄號ssic_npm_000751）

最終在川西戰役與共產黨軍隊鏖戰而亡的數十位政大學長，除將十二月二十日川西戰役發生日訂為政大節之外，也在民國七十二年，於百年樓前寬闊的廣場中央，設立精神堡壘紀念碑。這座紀念碑對政大意義重大，當時歐陽校長囑我盡力操辦完成，至今仍屹立在百年樓前。

陳治世校長時期，我所負責之建設成績主要有藝文中心、行政大樓、傳播學院等，另外還有後山的蔣公騎馬銅像。事實上藝文中心是從歐陽勛校長任內就開始擘建，包括演藝廳、大禮堂等空間，相當宏偉，但起初興建時，須從山下往半山腰打樁，工程相對困難，導致一開始編列的預算不足，後來又編列了第二期預算，到最後零零碎碎的設備預算編到第三期，在陳治世校長任內完工，那時我已經卸任總務長了。此外，也因為陳治世校長任內我只做了一年的總務長，因此傳播學院我只參與開工階段，而行政大樓我則只有出席剪綵了。

民國七十七年的藝文中心（取自政大校史記憶資料庫，國立政治大學圖書館藏，登錄號ssic_npm_000698）

再說宿舍部分。教職員生宿舍也是維繫學校運作的重要建築，隨著學校的成長，需求漸高，因此歷年來興（改）建的次數甚多。

教職員宿舍分為眷舍與單身宿舍。眷舍有六新村，分為三賢三南：齊賢新村、希賢新村、禮賢新村，以及指南新村、道南新村、化南新村。這六座新村啟建之時相當早，我尚未返校服務，然而其後數十年間，陸陸續續的擴建、改建，我大抵都參與過。

齊賢新村最早是教育部的宿舍，在政大剛成立時撥分給教職員居住，位置在政大實驗小學往山上過去一些，原來是一層樓的平房，空間很小，一間約十六坪，教職員若有家眷便顯狹窄。而因為該地原本是民眾所有，於是與之協調合建，建起四層樓的房子，每戶增加十坪不等，但多出來的坪數，就要教職員自行出資購買。同時也約定，未來教職員退休或身故之後，政大將其買回。不過經過幾十年，當年的教職員縱然逝

民國六十年的社資中心（取自政大校史記憶資料庫，國立政治大學圖書館藏，登錄號ssic_npm_000445）

世，其眷屬也都住了很長時間，不願搬遷，便想向學校買下住房，但政大畢竟不好將學校建物賣給私人，可是其中又有原先教職員自行購買的部分，頗為難辦，直到近年都還沒有辦法妥善解決。可見我們處理任何事務都不可便宜行事，需要思考得更長遠才是。

希賢新村也是早期宿舍，已經完全改建，就是現在的社資中心。原先分成三部分，六間教職員宿舍，一間研究生餐廳（民國四十三年後），邊上做研究生宿舍，用三夾板隔成，頗為簡陋，一直到四十五年左右，研究生都住那裡。餐廳部分，每天大抵都是開二到三桌。我記得研究生吃飯一個月最早是一百五十元，後來變成一百八十元，最後則是兩百一十元，改建成社資中心之後就沒有了。這些都是政大復校初期，還在因陋就簡的往事了。

禮賢新村位於政大實小旁，要往貓空的路口一帶。最早的時候是跟當地百姓協商換地興建。為什麼說換地呢？因為當時約定每一坪土地用十公斤的白米換，並附上一個條件：將來反攻大陸之後，地回送給老百姓，說穿了就是用白米租地。但是，究竟到何時才能反攻大陸呢？便起了爭議。最後依法律規定：任何租賃契約不能超過二十年——反攻大陸不算一個有效的期限——學校才正式向百姓買下土地改建。許多早年的政大教職員都曾住過禮賢新村，不過現在已不再作為宿舍使用了。

指南新村位於現在指南路的派出所前，包括現在的政大實驗小學附設幼稚園在內，已有部分改建。包括我在內，曾經住在指南新村的教職員很多。直到化南新村建好後，便將指南新村的教職員搬遷過去。我記得大概五十六年左右，我還在總務處當秘書。那時學校決定把指南新村的一部分改做研究生宿舍，供男研究生居住，大概兩三年時間。有趣的是，那幾年間，廁所的馬桶蓋汰換率高得不得了，每個禮拜都在換馬桶蓋。後來才曉得，因為新建宿舍廁所都是坐姿，但當時有許多南部來的學生，在困苦的環境中長大，習慣了蹲姿，坐姿馬桶反而不會用，因此把馬桶蓋都蹲壞了。直到山上男研究生宿舍建成，該宿舍便提供給女學生居住，並改名為莊敬宿舍，後來也經過多次的修繕改建，至今還有部分仍在使用。

道南新村位於道南橋口一帶，現在還剩五棟房子，包括新光路的校長宿舍（現在叫做校長之家），和對面的幾戶而已。原先屋舍頗多，改建時是由我負責的。我們那時預計建起數棟四層樓的房子，詢問教職員的意願後發現，很多人都想要一樓，但一樓原本的戶數不夠。後來我便想了一個法子，將一、二樓面積減少，併為一戶，讓有一樓的戶數變成原先的兩倍，三、四樓則照舊，以此滿足教職員的需求，工程也得以順利施行。可見我們做事要懂得靈活變通，思考可以解決問題的辦法。

化南新村是近年因文化資產保留議題而較受關注的宿舍區，其啟建年代甚早，但經歷多次改建。直到民國七〇年代末期我負責的時候，預計改舊換新興建大樓，但因為許多教職員與眷屬不願搬遷，最後只有一半的區域改建，便是現在的化南新廈。不過我只負責籌備，正式招標的時候我已經離開了。建成之後，是由教職員們自行購買。不過聽聞其協調的做法，是公共設施與走廊不算在教職員購屋時的坪數中，但所有權狀中，仍然包含在內，因此到最後，室內三十三坪左右，再加室外走廊、地下室等公共設施的比例，可以算到將近六十坪，換言之，就是讓教職員以較低的價格購入較大的坪數，算是給教職員的福利。

教職員單身宿舍則分男女，男生有莒苑、南苑、新苑，女生則有息苑、玫苑等，這些都在山下校區內部或周邊區域。其中莒苑最早，早期與學生宿舍莊敬一舍同時啟建，我雖未曾參與，但曾住過，此外政治系雷飛龍老師、楊日青老師、中文系侯志漢老師、尉天驄老師等都住過。莒苑後來拆除，改建成學思樓，便是由我負責。莒苑拆掉後，又在新光路上蓋了南苑（不是我處理的），提供單身男教職員居住，教授以上才能有一房一廳，講師等基層教職員只能住單房，且皆使用公共衛浴，頗為簡陋。後來我負責另蓋新苑，讓所有老師都能分配到一房一廳，同時再將部分的南苑宿舍分配給工友居住。女性教職員單身宿舍最早是在我規劃下，將學生餐廳四樓改建而成，稱為息苑，大概是八間到十二間宿舍。後來又建了玫苑，原本是某畢業僑生所購房舍，後來跟他協商買下，再加上購入周遭土地，便改建成玫苑，至今仍在使用中。除此之外，學生宿舍中，山下莊敬宿舍的二、三舍、山上自強宿舍與研究生宿舍等等的興（改）建，也都是我負責辦理的。

回首我在政大操辦總務工作的這些年，我想我可以自豪地說：我盡心盡力地為師生興利，無愧於我的職分。而我離開總務長崗位之後，至今已近四十年，這些年間，政大又增添了許多新的建設，看著政大不斷地成長，我也很高興。不過我們不能忘記的是，所有的發展，都建立在過去的基礎上；我們不可不感念前人的戮力經營。猶記得我擔任總務長時，每逢節慶，我們都會致函給歷任總務長，除了祝賀佳節之外，同時也對他們曾經的貢獻表達謝意，並報告我們現階段的總務工作，只可惜這個傳統之後便中斷了。事實上，學校的總務工作，是百年樹人大業的一環，並非一任、一代主事者可竟其業，應該要通過良好的傳承，才能在正途上不斷地向前邁進。

七　卸下行政職：教育系五年級導師

民國七十五年八月，陳治世先生接任政大校長，為借重我在總務方面的經驗，仍委任我做總務長，此外更兼任主任秘書，直到民國七十六年年中，這一年間，身兼兩份要職，實在非常辛苦。我便向陳校長請求，欲從行政崗位退下來——畢竟已經十餘年未曾喘息。教授本來享有的服務滿七年可休假一年的權益，我也從未申請。陳校長本來不許，見我意志甚堅，只好答應。於是我在推薦了中文系黃俊郎教授接主任秘書之後，終於得以卸下行政工作，休假一年，赴美進修，更重要的是與在美國的女兒們團聚，享受天倫之樂。這也是我在政大服務二十九年中唯一一年的休假。

民國七十八年回國之後，我總算回到教育系專任教授的職位。當然，在任行政職的時候，雖然時數少，也並未中斷授課。而關於授課這件事，有一則小趣事可以講：

我在兼行政職的時候，因為課程較少，得以充分準備，加上自己記憶力不錯，因此上課時總是不會攜帶課本或資料。一次，在前往教室途中，遇到了中文系的柯金虎教授，對我兩手空空的上課行頭感到非常訝異，因為中文系的學者們每每都是抱著一堆書上課的。聊了一會兒後，他便開玩笑地說：「張老師，您這真可說是『空手道』哪！」我只能苦笑以對。不想自此以後，我「空手道」的外號竟然不脛而走，乃至於到致理時還時常聽見，變成了師生們對我的親切暱稱，令人莞爾。

言歸正傳。在卸下行政職後，授課之餘，我仍擔任了教育系五年級的導師。所謂的五年級，其實是公費學生在教育系四年修業之後，分發各地中學，為期一年的實習學年。這是參照師範大學的五年修業制度設計的。學生須在此一實習學年中取得實習學分，分別由實習學校的校長與教師、政大的科目輔導老師等評分。然而，要各科目輔導老師分別前往實習學校評分，實務上頗有困難，因此便規定由學生每學期返校二次，向各科目輔導老師提出報告。而五年級導師的主要任務，便是代表各科老師親赴這些實習學校，從該校校長、主任、老師那裡了解學生的實習情況，從旁進行輔導，除了協助學生適應實習工作外，也可以提供學校教師相關建議。這樣的作法也是我在卸任行政職之後，針對教育系修業辦法的思考與建議，後來也成為了普遍採用的制度。

那個時候的政大校長是張京育先生，他非常支持這項輔導工作，便讓我申請了一部公務車，中部以北的學校可以乘專車前往；中部以南乘車太遠，便搭火車，乃至於離島如小琉球、綠島等，甚至要坐船、坐飛機等，學校也都能讓我報公帳；我也因此而能以各中學為節點，欣賞全臺各地的風土人情，這是我在卸去行政職之後的全新體驗，而也就這樣做到了退休。

八　我在政大的日子

民國八十三年，我從政大辦理退休，準備展開我人生的另一個挑戰——到致理商專服務。回顧在政大二十九年的日子，可謂無比豐富，尤其在總務工作上，得到了許多寶貴的經驗與心得。總結前文所述，我對政治大學的主要貢獻約有數項：

1、在四任校長期間，共擔任十二年總務長（代理與正式合計），參與許多重要建物的興（改）建，包括各教學大樓、體育館、圖書館，以及教職員生宿舍等。在學習工程知識的同時，也建立由總務長主持的工程會報制度，有效管理掌控各項工程，使之能於期限內妥善完工。

2、在李元簇校長任內，出任政大公企中心訓練組主任，與國貿局、公賣局等單位合作，新辦各類推廣訓練課程，有效拓展公企中心的合作對象與業務範圍。

3、在歐陽勛校長任內，正式出任總務長，為了改善出納作業，與郵局合作，推動更有效率且安全的薪資發放制度。民國六十八年在政大正式實施後，獲得顯著成效；不久教育部建議全國各校比照辦理，開創今日各級學校的通行做法。

4、在歐陽勛校長任內，負責開拓山上校區，協商價購與徵收事宜，使指南山約八十公頃的土地納入政大校地，確立了政大往後數十年的規模。接著陸續開通環山道路、建設橋梁、供水系統、電力系統等，最終修整了約十塊大型建地，得以興築更多建物。

這些辛勤刻苦、篳路藍縷的工作積累，使我得到許多寶貴的經驗，讓我未來於致理服務時，對諸多相關事務能夠駕輕就熟、無往不利。然而，回顧過去，我之所以能在政大奉獻精華歲月，取得這些成果，為日正當中的人生階段留下濃墨重彩，探其源頭，不得不感恩劉季洪校長。在這章的最後，我必須要向劉校長致上最大的敬意與謝忱。

劉校長對我關照有加，不只推薦我返校服務，又讓我在行政工作上發揮長才。此外，劉校長更鼓勵我在工作之餘積極研究升等，讓我能順利取得副教授資格，後來才能正式出任總務長，這件事對我的意義非凡。

民國五十八年，劉校長找我代理總務長時，在他的安排下，我不只減少授課時數，且每週得以有兩個小時在圖書館專心從事研究。我設定好研究主題，並決定採用調查法進行後，在兩個月內殫精竭慮，構思了一百多題的問卷。之後再就預設對象施行預測及分析，並經過修正複測，將問題標準化，最後才進行正式的測量，才能提高信度。後來我又彙整國內外研究成果加以比較，並舉辦座談會，訪問專家學者獲取意見。在重重考驗下，終於提出研究報告，並在民國六十二年升為副教授。而此後雖然一直忙於總務工作，未能潛心為學，也仍在民國七十一年升等為正教授。劉校長的鞭策與教導、關照與提攜，使我得以成長茁壯。

此外，在繁雜的總務工作中，我也學習到「正向心態」的重要性。我常常想起政大以前的一位工友李義生先生，他是退除役官兵轉介至政大服務的。民國七十年退休時，竟毅然決然地將一百多萬存款及退休金，全數捐予政大，作為學生獎學金，他自己則選擇到榮民之家養老。他的奉獻的精神令人感佩，同時，也引發我對工作態度的思考。早期設備不足時，上下課鐘聲都由人工操作，敲鐘的工友雖然工作簡單，但心態若調整得宜，便能做得愉快、享受其中，認同自己的工作意義。又像同是教堂建築工程的工人，有人認為是做工，有人認為是砌牆，有人則認為是蓋教堂。心態不同，其認同價值自會不同，工

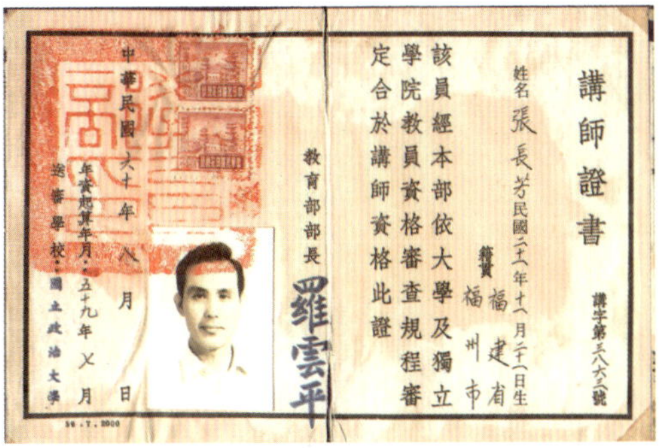
講字第三八六三號
講師證書
姓名 張長芳 民國二十一年十一月二十一日生 籍貫 福建省福州市
該員經本部依大學及獨立學院教員資格審查規程審定合於講師資格此證
教育部部長 羅雲平
中華民國六十年八月 日
年資起算年月：五十九年八月
送審學校：國立政治大學

講師證書

副字第三七六〇號
副教授證書
張長芳先生福建省福州縣(市)人民國二十一年十一月二十一日生經本部依大學及獨立學院教師資格審查規程審定合於副教授資格此證
教育部部長 蔣
中華民國六十四年二月 日
送審學校：國立政治大學
年資起算：六十二年八月

副教授證書

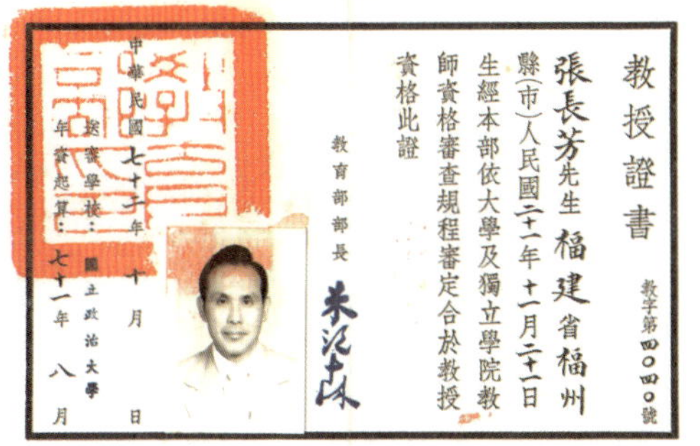
教字第四〇四〇號
教授證書
張長芳先生福建省福州縣(市)人民國二十一年十一月二十一日生經本部依大學及獨立學院教師資格審查規程審定合於教授資格此證
教育部部長 朱匯森
中華民國七十三年十月 日
送審學校：國立政治大學
年資起算：七十一年八月

教授證書

作情緒也不一樣。做總務工作也是一樣的，雖然事務繁雜緊湊，若是能秉持良好心態，那麼不僅自己做得愉快，也能更好地協助學校，真正做到為師生興利。

政大歷年任職表

學年度	職銜／行政職務	校長	期間重要業務
五十四	講師／秘書	劉季洪	1. 運動場加高兩公尺 2. 興建大智樓、大仁樓、大勇樓。 3. 興建學輔中心（即今聯合醫院與心諮中心） 4. 改建希賢新村為社資中心。（一九七一） 5. 興建集英樓
五十五	講師／秘書		
五十六	講師／秘書		
五十七	講師／秘書		
五十八	講師／秘書／代理總務長		
五十九	講師／秘書		
六十	講師／秘書		
六十一	副教授／秘書		
六十二	副教授／公企中心訓練組主任	李元簇	1. 於公企中心與國貿局、公賣局合作開設企業人員與公務人員等訓練課程 2. 興建游泳池 3. 興建憩賢樓 4. 興建中正圖書館 5. 興建體育館 6. 改建天放樓為資訊大樓
六十三	副教授／公企中心訓練組主任		
六十四	副教授／公企中心訓練組主任／代理總務長		
六十五	副教授／公企中心訓練組主任		

學年度	職銜／行政職務	校長	期間重要業務
六十六	副教授／總務長	歐陽勛	1. 開辦政大教職員生薪資由郵局入帳事宜 2. 開拓山上校區。完成環山道路、渡賢橋、濟賢橋、供水系統等，整平建地十塊 3. 擴建社資中心 4. 興建逸仙樓 5. 興建道藩樓 6. 興建百年樓 7. 興建中山館 8. 興建季陶樓 9. 興建風雨走廊並創設校內公車制度 10. 興建環山網球場與四維網球場
六十七	副教授／總務長		
六十八	副教授／總務長／學輔中心主任委員		
六十九	副教授／總務長		
七十	副教授／總務長		
七十一	教授／總務長		
七十二	教授／總務長		
七十三	教授／總務長		
七十四	教授／總務長		
七十五	教授／總務長兼主任秘書	陳治世	1. 興建藝文中心（七十七年十二月第二期工程完工） 2. 興建行政大樓（七十九年三月落成） 3. 興建傳播學院（七十七年二月落成）
七十六	教授		休假一年赴美
七十七	教授		

學年度	職銜／行政職務	校長	期間重要業務
七十八	教授／教育系五年級導師	張京育	1. 建立教育系公費生實習制度 2. 訪問實習學校，有效建立良好關係
七十九	教授／教育系五年級導師		
八十	教授／教育系五年級導師		
八十一	教授／教育系五年級導師		
八十二	教授／教育系五年級導師		民國八十三年退休

參　家庭生活

家庭生活是人生當中重要的一環，古人說：「天地合而後萬物興」，因此重視婚姻結合之禮。每個人到適當年齡皆須成家，建立新的倫理關係，也得到新的身分。所謂成家立業，家庭與事業的經營是同等重要的人生功課。

而經營家庭，也需要相當的心力與智慧，畢竟每個人的人格特質不會完全一致，因此家庭成員必須互敬、互諒、互愛，才能和樂美滿，攜手前行。若以父母子女間的關係來說，父母對子女要慈愛，子女對父母要敬愛。我曾多次親聆法音的中臺禪寺惟覺老和尚說過，人們處世應該：「對上以敬，對下以慈；對事以真，對人以和。」這確實是我們應該奉行的至理名言。

民國五十五年結婚照

我在民國五十五年，也就是剛回到政治大學服務的隔年，經人介紹，與劉麗華小姐共結連理，內子是時任木柵國小校長千金。我們育有三位女兒：大女兒裕惠、二女兒宏惠、小女兒小惠，陸續在民國五十六、五十七、五十九年出生。因為家中多了三位嗷嗷待哺的幼兒，只靠我的講師薪水實在入不敷出，以至於需靠標會支持生計開銷，這段時間，生活頗為拮据。民國六十年之後，我則是積極在外兼課增加收入，以支應逐漸長大的女兒們在日常與求學生活中的各類需求。畢竟這是我對女兒的愛護之情，我必須擔起父親這個角色的責任。

從民國六十年到七十五年共十五年左右的時間，我前後在五所學校、三個單位兼課。先說學校部分。首先是東吳大學。民國六十一年，我經時任教育部主任秘書朱匯森（民國六十七年任教育部長）推薦，去東吳大學上夜間部的教育課程。我認識朱匯森是因為民國五十年四月間，我帶金門中學特師科畢業生去臺中師專參訪，他正好是當時的校長，在宿舍不足的情況下，緊急安排我們在禮堂下榻，因此而有了交誼。承蒙朱先生的推薦，到東吳大學上課，不過最終只教了一年。

民國六十一年七月十九日，裕惠五歲半時，三位女兒合影。

與裕惠、小惠合影。

其次是國立臺灣工業技術學院，現在的臺灣科技大學，由政大政治系楊日青教授介紹，講授日間部通識的理則學課程，每週兩班共四小時，從創校的民國六十三年開始，到民國七十三年，教了十年左右。

其三是政治作戰學校，一週上一天課，共三班六小時，也是講授理則學。有趣的是，政戰學校的聘書上寫的是專任副教授，卻只支鐘點費，實際上就等同兼任。因是軍事學校，風氣與一般學校不同。上課時隊職官都坐在教室後方，因此學生上課認真，老師問：「會不會？」全部學生都大聲答：「會！」很精神，但實際上也不一定會。另外，學校在管理上也很嚴格，對服裝儀表極為重視，曾聽說有某女老師因穿著女式拖鞋，便被攔在門外不讓進去的事情。雖然如此，我從六十二年到六十七年，仍在政戰學校兼了約五年的課。

其四是花蓮師專，上的是周末的教育學分班。因是密集上課，所以一學期只需去四次，便上完整學期的時數：三十六節課。不過一旦要去上課，得在周六下午就坐飛機到花蓮，連上五小時（1700-2200），週日白天再上四小時（0800-1200），是相當累人的行程。

女兒們小時候拍攝的全家福

最後是臺東師專，與花蓮師專的行程雷同。兩所師專都是在民國六十幾年的時候去兼課，前前後後也教了數年。像這樣時不時需要坐飛機去上課的經歷，在學校教師裡頭恐怕並不多見。

另外還有三個單位。首先是教育部專班中的軍訓教官教育班，協助軍訓人員到校任教官的課程。其次是國防大學戰爭學院的教育學分課程，也是訓練教官，不過因學校的作風，讓我覺得老師在那裡不太受尊重，因此只上了一個學期便辭去了。最後是公企中心企業人員進修班，這個班從民國六十二年，我到公企中心擔任訓練組主任時便開設，至今已開了三百多期。當時是以五週為一期，一週一門課，每週一、三、五晚間上課的密集課程。其中一門企業心理的課，便都是由我負責講授，直到離開公企中心為止。

在這十幾年中，我一方面先後在公企中心訓練組任職、在政大代理總務長，後來更擔任正式總務長。在支領教師薪水外，也有行政加給，再加上這些兼課，使得收入豐富許多，因此家庭經濟也確實變

民國六十七年送內子大嫂出國時，於機場合影。

民國七十二年夏天與女兒們在夏威夷茂宜島參加網球活動時全家合影。

三位女兒合影

與三姊、三姊夫合影。前排坐者由左至右為內子、三姊、三姊夫楊又曾將軍、我。後排由左至右為小惠、宏惠、裕惠。

女兒們成年之後的全家福

裕惠結婚時與女兒們合影，由左至右為小惠、裕惠、宏惠。

得比較寬裕；但是在本職與行政工作外，又加上兼職工作，所有的事情都得盡心盡力做好，不可謂不辛苦。不過，看著女兒們一個個成長得聰慧可愛，出於父親對女兒的慈愛之情，為了協助她們，縱然再辛苦，我也甘之如飴。

到了民國七十五年之後，大女兒裕惠從臺大畢業，二女兒宏惠從逢甲大學畢業，小女兒小惠高中畢業之後，三人相約一同出國，赴美求學，就讀馬里蘭大學。為了支應女兒們的海外生活，我仍然努力不懈地工作。不過，女兒們長大之後，也極懂得體諒父母。當時她們的學費一學期約四千五百美元，為了減低父母的負擔，她們便去申請了地方政府的助學貸款，每人每學期能貸四千美元，除此之外，他們也自發地在國外找尋工讀機會，當時的時薪是一小時八美元，以此來補足學費差額。因此，我只需要負擔她們的宿舍租金與伙食費即可，畢竟為了女兒們專注於課業，不可能讓她們再為了錢而分心。最後，她們也都很爭氣地順利完成學業，並都有很好的發展。

大女兒裕惠的專業是財務金融，民國七十八年在美求學時，由同學推薦，參加華埠小姐選美，榮獲后冠，這個榮耀對她後來的人生也頗有幫助。畢業後先是工作數年，於民國八十九年成立投資顧問公司，經營二十年有成，因此生活較為優渥，對外孫們的栽培也相當用心，現在有二位孫子就讀哈佛大學，一位就讀史丹佛大學，都很優秀。

二女兒宏惠和小女兒小惠則主修電機專業。宏惠畢業後先在美國聯邦政府專利局任職，期間認識了很多臺灣企業家，後來也決定要自己創業，便成立了髮飾行銷公司。小惠後來任職於美國航空公司，待遇與福利都不錯，我們作為家屬，都能免費搭乘她服務的航空公司班機。

總的來說，經過二三十年的成長，三位女兒在事業上都有亮麗的表現，也有不錯的收入；更重要的是，她們總是懂得回應父母的慈愛，從未間斷地對父母表達敬愛之情。《論語》記載子游向孔子問孝，孔子說：「今之孝者，是謂能養。至於犬馬，皆能有養；不敬，何以別乎？」正是強調敬愛的意義與價值。女兒們了解這個道理，因此這幾十年來，雖然主要在美國生活，但每逢父母生日、結婚紀念日或其他重大節日，她們必然排除萬難，返臺為我們兩老慶祝，舉行宴會，並邀請許多親友參加，讓大家一起分享我們的喜悅與美好的親情。我做八十大壽的時候，女兒們為我和內子拍了婚紗照，並印在紅酒瓶上，致贈給一眾親友。對女兒們傑出的成就與深刻的敬愛之情，我和內子都感到非常地驕傲與滿足。

回想小的時候，父母時常督促我學習，我卻常常因為貪玩而不認真，總是讓他們操心。大陸風雲變

民國七十八年華埠小姐頒獎照
（中坐者為獲得后冠的裕惠）

致理五十週年校慶餐會時，與內子和女兒們合影。後排由左至右為小惠、宏惠、裕惠。

色時，我決定跟兄姊到臺灣發展，因為有著父母的支持，我才能勇往直前。只是沒想到，後來我終於有了一點成就，父母卻都不在了。容有遺憾，但也無可奈何。而且，現在想來，父母的督促與支持，都是他們慈愛的表現，並且照拂我、看顧我，直到今日，更讓我享有幸福美好的家庭生活。是以，就如我的女兒們敬愛我和內子一樣，我也永遠敬愛我的父母；但希望這個世間，不要再有「樹欲靜而風不止，子欲養而親不待」的憾事發生了。

八十歲時，女兒們印製婚紗照紅酒致贈親友。

女兒、女婿與外孫們，兒孫滿堂。

第三章

落日彩霞

致理時期（一九九四～迄今）

一　出任致理校長

民國八十三年，我有幸結識臺灣企業家梁秉權先生（一九二四～二〇一四），受其邀請，出任致理商專校長。梁秉權先生是大連人，民國卅八年神州易幟之際，歷經艱險來臺，因緣際會走上從商之路，曾成立天合企業，代理大西洋飲料之蘋果西打，後又創辦新美針織公司，擴大事業版圖。民國五十三年，經基督教友介紹，參與致理商專之創辦，出任駐校董事。到民國六十三年，致理商專因受能源危機波及，幾近倒閉，梁秉權先生竟傾盡家產，力挽狂瀾，支持學校度過重重難關。民國六十四年致理董事會改組，梁秉權先生於眾望所歸下出任董事長，直至民國一〇三年，以九十歲高壽離世為止。數十年來，梁董事長對致理的卓越貢獻有目共睹，是當代企業家投身教育事

梁秉權董事長榮獲弘道獎，與蕭萬長副總統合影。

業的典範。不諱言地說，沒有梁董事長，就沒有致理。民國九十八年，梁董事長更獲得了全國私校最高榮譽之「弘道獎」，當真是實至名歸。

梁董事長的公子，也就是現任的致理董事長梁聖時先生，經歷過父親為了支撐致理，家中幾近斷炊的歲月，後來曾詢問梁董事長：為何不惜傾家蕩產，也要支持致理？梁董事長回應道：「我這一生沒有機會升學，所以學識低微，現在有能力辦理一所學校，不但能造福莘莘學子，也可以彌補過去無法讀書的遺憾。另外，擔任董事期間，覺得非常踏實，也和許多教職員工有了深厚感情，我不忍割捨。雖然一開始沒料到資金需求竟是如此龐大，但既然決定投入，就必須咬牙堅持到底。」

梁秉權董事長就是這樣一位純樸敦厚、深具血性，又極富理想、令人景仰的企業家。而我認識梁董事長，實因緣分使然。梁董事長在臺灣闖蕩商場時，結識了八位好朋友，後來結拜為兄弟，互相扶持。這九位兄弟在當時政商界都頗有德望，我比較熟稔者如大哥王雄夫先生，曾任雪龍眼鏡公司董事長、寧波同鄉會理事長，也是「香功」在臺重要推手。梁董事長排行第六，另外老四、老五也都和我有不少交往。

其中，最小的九弟李振棠先生，曾任臺北市臨時市議會第一屆議員，以及省轄市議會時期第六屆議員等。因李振棠議員的夫人張玉美女士，正好在政大總務處服務。我任職總務長時期，得其協助甚多，從而輾轉認識李議員與梁董事長。

民國八十三年初，致理商專的經營遭遇困難，除了教育部的若干處分外，此前主事者與教職員之間的關係亦不太和諧，問題紛亂如麻，亟待解決，梁董事長因此憂心如焚，亟需一位有經驗的人接手主理校務，以求振興。這時，李振棠議員因與梁秉權董事長交厚，又與我熟稔，曉得我的經歷與能力，便極力向梁董事長推薦。當時我本已準備申請第二次休假，但在李議員積極邀約下，我便答應下來，赴致理董事會與梁董事長等見面，當天相談甚歡，頗有一見如故之感，由此下定決心。之後我便向政大正式申請退休，並在民國八十三年八月，出任致理商專校長。

對我來說，此生在各級學校服務凡三十餘年，經驗固然不少，然而，無論是在金門或是政大，雖然備受上級信任，畢竟總是要聽命於人，自己能發揮的空間不多。但現在因為擔任一校之長，和以往經驗不同，有較高自主權。在教學與行政事務上，我曾經積澱幾十年的想法，便得有機會付諸實現。大抵而言，只要與董事會協調好後，皆可全面進行。同時因為梁秉權董事長給予最大信任——他極為關心校務，但從不過度干涉——讓我可以盡力地一展所長。最終，在致理將近八年的校長任內，可以說我確實將這所學校整頓一新，得以健全地迎接新時代。而卸任之後

與梁秉權董事長代表頒發「ISO9002」國際認證證書時合影。

轉任董事，又使我得以繼續協助致理的成長茁壯。

我在這座校園內付出了許多，也得到了許多。此前我未曾想過，在我六十三歲之後，竟與一所學校結下了如此深刻的情緣；而這也是我將這段歲月稱為「落日彩霞」階段的原因，所謂「夕陽美如畫，清風醉晚霞」，日雖將暮，但餘霞成綺，光艷照人，不亦美乎？

二　掌握組織氣候

上任校長之初，面對百廢待舉的致理商專，我決定了一個首要任務，那便是掌握學校教職員生的「組織氣候」（Organizational Climate）。什麼是組織氣候呢？這原先是由哈佛大學的兩位知名組織心理學家黎特文（George L. Litwin）和史濟格（Robert A. Stringer）所倡導的，指的是組織內部由員工和管理階層的態度、行為和價值觀所營造的氛圍或環境。具體而言，即組織內成員對該組織規章制度、獎懲辦法、人際關係等的主觀感覺及客觀認知。組織氣候是對工作場所整體情緒或氛圍的描述，也對成員的積極性、滿意度和生產力有著很大的影響。

當時的致理，在重重的內外困境下，整體組織氣候可說頗為低迷，如未改善，那麼無論再好的校務措施，都將無法推動。因此，我作為領導者的首要任務，便是盡可能深入準確地掌握影響組織氣候的原因及其細節；而最有效的掌握方法，莫過於意見調查，通過無論是當面會談或問卷調查得到的回饋，我們才得以更好地確認推動教育理念的方式，以及改善校務的種種措施。

意見調查的對象分為兩類，一是學生，二是教職員。先談學生部分，我請當時學生輔導中心主任黃貴祥副教授——他是政大心理學碩士、教育學博士——設計了一份問卷調查，了解他們對學校各方面的想法。

當時的致理商專，先不計夜間部，日間部五專共五科，每年級班級數固定，除銀保科是各一班外，其餘四科皆各三班。一班50人，一個年級十三班便是六百五十人，全校共六十五班，約三千餘人，這是致理的主要就學群體。

對這三千餘名學生的問卷調查顯示，當時學生較滿意的部分有三：其一，學生普遍認為老師教學認真且很有愛心，願意關懷學生。其二，因退學率低，每年級學號得以連號，故學長姊與學弟妹之間的輔導制度健全，有較佳的學習、成長氛圍。其三，學校擁有電腦、音樂、珠算、韻律等專業教室，學生多半予以肯定。這三點可見此前致理辦學之用心。

然而，學生亦有不滿意的部分，主要集中在三個地方，分別與總務、教學和訓育相關：其一，學生普遍認為致理大部分的建築與教室老舊，甚至不如其畢業國中；其二，學生修課不及格比例稍高，同時補修制度又不友善，補修學費高昂，不只增加學生負擔，甚至影響其畢業或實習規劃；其三，學生認為教官與訓導處老師的管教太過嚴格，時常引起不滿，嚴重時甚至會破壞公物。

此外，針對老師的組織氣候調查，我主要以個別訪談的方式，得到了兩個主要的回饋：其一，學校對老師不夠尊重，使教師和學校的關係較為緊張；其二，學生對老師時常不禮貌，削減了教學熱忱，導致教學品質下降，師生關係也不夠融洽。

我得到這些重要回饋之後要做的，便是針對它們思考解決問題的方式，在改善組織氣候的同時，進一步提升學校的價值，讓學校持續發展，往前邁進。此後，我陸續採取了一些必要的措施，以協助全校師生。根據規劃的優先次序，可分為三點來談：其一，教學大樓與教室整建，並全面裝設冷氣；其二，協助教師提升教學品質，改善修課制度，增進師生關係；其三，校園氛圍的優化與招生業務的整合。底下便分別談談我在處理這些項目過程中的思考與做法。

三　建物整建工作

（一）老舊屋舍整修

從問卷調查的回饋當中，我得知學生們普遍對致理房舍老舊有不少指謫怨懟，這個問題相當重要。事實上，建物老舊除了造成觀感不佳，直接影響學生的就學意願以及學習氛圍外，更牽涉到校園安全，不能不盡快處理。這也是我在上任之初，首先積極解決的問題。

為此，我馬上聘請建築師於六個月內赴校進行勘查。當時的致理商專，擁有忠孝樓、仁愛樓、和平樓、信義樓四棟行政與教學大樓，以及誠信館（活動中心）、精勤館（學生宿舍）和圖書館，一共七棟大樓。建築師勘查後，發現其中於民國五十幾年便興建的忠孝、仁愛、和平、信義、精勤五棟大樓狀況特別差，除了牆壁斑駁、龜裂之外，部分大樓因建校之初缺乏地下室的建築規劃，導致地基不夠堅固，已有程度不一的沉陷現象，絕不可不修，否則會持續惡化，甚而招致無法挽回的後果。同時，如信義樓雖有地下室，但過去沒有申請合法建築執照，也沒蓋完，也亟需處理。因此，我急忙和董事會討論，梁董事長和其餘董事也都一致同意盡速啟動整建工程。

然而，整建工程規劃時，遇到兩個主要問題：其一是經費來源，其二是時程安排。這兩個問題是交雜在一起的。前面說了，那時致理商專日間部總共六十五個班，而仁愛樓等主要教學大樓可用教室總共近八十間，扣除專業教室正好六十五間，可說完全沒有多餘的教室可用。因此，我們為了增加經費，向教育部申請增班，教育部主官說：「教室都不夠了，要怎麼增班呢？」最後經過協調，仍增開了二專的夜間班，但夜間班只收學分費，所得不多，於是再想辦法陸續申請教育部的獎補助款。雖然如此，我記得當時一年能夠動支的錢也不過三、四千萬，無法讓我們一次到位、全部整修；且實務上也不可能做到，畢竟我們可彈性運用的教室已經不足，預計整修的又是主要教學大樓。因此我便想，能不能只在暑假進行工程，每年整修一棟，這樣才不會妨礙學生學期中的上課？和建築師討論後，我們訂出各大樓整修的優先順序，規劃了五年期程，以教學樓為先，行政樓殿後，於每年暑假期間整修一棟大樓為原則。

雖然規劃頗為理想，但實際進行時，學校和建築商都要承受巨大的壓力。從民國八十四年開始規劃整建工程後，每年我們都提早招標，並訂下嚴格的要求，工期一律從七月二日開始（因為七月一日是大學聯考），在開學之前完工。並跟廠商約定：不可用工作天，一定要用日曆天（不論晴雨天）計算。另再附上一個副約，規定：如果期程內的進度落後，將有懲罰性違約金；若直到預定日期卻未能完工，廠商必須負責安排他處可用教室，並派遣遊覽車接送師生。有這些嚴格的規定，方能保證開學前完工，不影響學生上課。然而如此一來，不只整體金額增加，學校和廠商在進度上的壓力也大大地提高。但不這麼做，無法有效掌握進度，寧可貴一點、累一點，也一定要在時程內完工。畢竟整修工程與師生的安全有關，絕對不能想著節省或便宜行事。

我運用以往在政治大學的總務工作經驗，大多親自參與工程事務，並讓當時的總務長協助，囑咐他如何以經濟有效原則監督工程：除了每天都要有詳細的報表之外，因為工期短，必須每周舉辦工程會報，掌控進度，並支付當週已完成工程費用的八成，完工時再給予尾款等等。就這樣，從民國八十四到八十八年，這五年的暑假，在學生放假的這兩個多月中，我們每天在學校奔忙，終於順利將四棟教學與宿舍大樓（仁愛、信義、和平、精勤）整修完畢，並繳清信義樓因之前未領照的一百餘萬元罰款後，讓所有的大樓設施都有了合法建築使用執照。

我們不僅重新打樁、強化各大樓的結構，也全面將木門窗更換為鋁門窗，並貼上新磁磚，使之煥然一新。教師與學生每每到了開學返校，見到整修完成的大樓，都非常地欣喜，有效地提升了學習意願。

而除了師生的滿意度提升之外，就在工程全部完成不久，便發生了臺灣人至今無法忘懷的九二一大地震。經過那天可怕的天搖地動之後，許多學校的建築都遭受到程度不一的破壞，而致理的大樓全部屹立不搖、完好無損，我到校確認情況後，在鬆了一口氣的同時，也慶幸當年做了這個再正確不過的決定，並積極地將其完成，才得以平安度過危機，此事至今仍讓致理師生們津津樂道。

（二）全面裝設冷氣

正在諸大樓整修工程進行過程中，民國八十七年，我提出了一個大膽的想法：各大樓辦公室與教室全面裝設冷氣。在當時，學校教室裝冷氣還不普及，甚至被認為是一個奢侈且不必要的行為，連全國資本最雄厚的私立專校明志工專（臺塑集團）都沒有這麼做。但我認為，夏天的教室裡若沒有冷氣設備，師生在炎熱的環境中上課，學習品質會大幅下降，因此極力說服董事會，最終便全面裝設冷氣，是全臺灣私立學校第一間。

在當時，我有兩個重要指示：其一，寧可提高預算，也不裝窗型冷氣，一定裝分離式冷氣，才不會有太大的噪音；其二：由於學校保管單位與使用單位的立場是相對的，保管單位依據事務管理規則中財物管理規定，財物均有使用年限，而根據實際使用情況有所不同，一般教室、會議室、辦公室、研究室等空調設備的使用年限約八到十年。此外，因國家審計法規第五十六條及七十二條之規定：各機關財物保管人員，如果沒有盡到善良管理人應有之注意，所經管之財物若有遺失或損壞，保管人員及該機關負責人應負賠償或修復之責。因而保管單位為盡到善良管理人應有之注意，便明確規定「為節省能源，各房舍溫度超過攝氏二十八度C才可以開啟冷氣」。因此，凡裝設冷氣的公家或學校單位，總會張貼類似這樣的限制警告標語：「溫度未達二十八度C，不得開冷氣。」但我認為，冷氣是為了服務師生，提高教學品質所用，不應用消極性的禁止式標語，造成師生在使用上的不安。因此我在各個集會中向全校師生宣導：「冷氣是為了各位裝設的，只要溫度到二十八度C，請一定開冷氣！」並將標語改為積極性的鼓勵式標語。

現在，我們致理各個辦公室、教室中，都仍然張貼了「溫度至二十八度C，請開冷氣」的標語，這個溫馨的標語讓大家

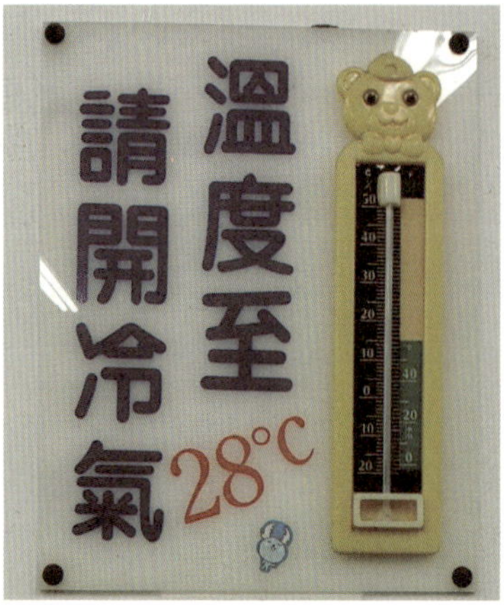

溫馨的標語

全面裝設冷氣

感受到學校的關懷與愛護，廣獲師生好評。後來在教育部的各類關於品德、生命教育與溫馨、友善校園，及佛光山「三好校園」等等評選中，時常作為金句被肯定，幫助我們得到許多殊榮。後來的第八任尚世昌校長，也效法我的作風，在校園內的花園草皮上豎立：「養護完成，歡迎踩踏」的標語，也令人感到非常地親切溫馨。

事實上，將標語從消極性改為積極性，從禁止改為鼓勵，對於冷氣的使用年限確實有影響。往往在教育部規定的使用年限未到時，我們就得汰換一部分冷氣，但我仍堅持應由學校自行出資，購置新冷氣，由教育部補助的設備，拆下來留到規定期限時再盤點便是了。我總是認為，提供良好的學習環境，是學校的責任，不宜因小失大，而且多花一點錢，便能營造更好的校園氛圍，那何樂而不為呢？

而且，當我們全面裝設冷氣之後，我們便又增加了一項吸引好學生的優勢；與其他學校單位討論合作時，也可以開出有利於我們的條件。

例如某年致理擔任技專聯招之本地考區主席時，聯招會曾經跟我協調出借教室作為考場的事宜，因為我們每間教室都有冷氣，是當時最好的考場。我向聯招中心說：「那請安排商科學校畢業生來此考試，否則不出借。」如此要求，聯招會頗感難辦。因此後來五專部的考試我們便未提供考場，但二專與四技部的考試便依此條件出借了。我認為，來此考試的學生，必然對致理當時的教室環境感到嚮往，若是商科學校畢業者，便有機會成為我們的學生；如果都是工科或其他學校的畢業生來此考試，對致理未來的發展毫無幫助，那我們何必答應呢？

此外，我還記得有一年，明志工專邀請我們一同舉行畢業生聯誼活動，地點辦在明志。因為他們是工科學校男生多，我們致理是商科學校，以女生為主。我向他們說：「要聯誼沒有問題，但是有兩個條件：一、活動開始前，兩校校長需要共同出席，向大家說明活動規則與須遵守的禮儀；二、我們致理畢業班的女學生有四百五十餘位，聯誼當天，請明志工專派遊覽車接她們赴會，活動結束後，請再妥善地送回來。」我認為，我們致理畢業的女孩子，個個聰慧可愛，在學校備受呵護，我想如此要求並不為過。結果這第二個條件，被當時明志工專的董事長，也就是王永慶先生否決了，於是這場聯誼活動便未能成行。雖然這件事情乍看之下與冷氣裝設沒有什麼關係，但要傳達的信念是一樣的：作為校長，我非常願意和學校老師們一起付出心力，提供學生優良的環境，讓學生們有被關愛、被照顧的感受，這是教育者應該秉持的態度。因此，除了裝設冷氣之外，舉凡教學視聽擴音、照明、開飲機、遮陽板、避難逃生等學習、生活環境的改善，皆是我所盡力之處。

（三）興建綜合大樓

最後，不能不提的是，當學校舊大樓正在整修之時，

陪同教育部訪視委員巡視綜合教學大樓施工情形。

我也準備在致理啟建一座新大樓，也就是現在的綜合教學大樓，是我在致理校長任內留下的重要建設成果之一。

這個新建案從民國八十六年董事會同意之後，八十七年便開始發包動工，先蓋地下室兩層與地上四樓；到了民國八十八年，為了因應更多的需求，決定增建地上至八層，且允諾完工後讓高年級同學優先使用新教室。最後在民國九十年六月，也就是我卸任半年後不久落成，除了三十餘間的一般教室外，也有二十餘間專業教室，以及大型國際會議廳、表演廳、演講廳等，設備新穎，兼顧教學、行政、會議等功能，一共增加了二〇二八七平方公尺的樓地板面積，對日後校務的拓展有著極大的助益，至今仍是學校重要的建築設施。

（四）改善各項設施

前面所說的幾棟老舊大樓的整修、冷氣裝設與綜合大樓興建等，固然是我任內最重要的政績；然而，除此之外，致理當時的各項硬體設施，仍普遍存在許多改善空間，不可忽視，包括電腦設備、體育場、廁所、排水系

民國九十年落成的綜合教學大樓

統、電纜系統、無障礙空間等等，對此我也不遺餘力地積極處理，以求致理校園的整體提升。

首先，電腦設備更新。民國八十年代，電腦正開始發展。八十三年我接任校長後，認為電腦是非常重要的新時代工具，致理的學生都應該學會良好的電腦操作技術，因此積極舉辦輸入法競賽等活動。同時於八十三年到八十九年間，配合世界電腦發展速度，幾乎每年更新電腦設備，從八十三年將二八六電腦改為三八六，八十五年改為四八六，八十七年改為五八六，八十八年改為六八六，為的就是讓學生們跟上時代。而就在八十三年剛改為三八六時，一次我到電腦教室詢問學生反應，同學們說：「新電腦很不錯，但是網路太慢，若要開啟圖片，下載時間足夠我們去操場跑一圈回來還有餘。」我非常訝異，回去馬上了解原因，原來因為致理當時的主機記憶體只有9k，完全不敷使用。我詢問其他學校如臺北商專，記憶體都有512k以上，可見致理之落後，非改進不可。我於是將之一下升級到比512k快兩倍以上的T1網路，從此致理的網路速度不可同日而語。然而，使用一陣子之後，又發現有網路塞車的狀況，原來當時教育網路要通過臺大或政大的線路連接，我們致理通過政大，而政大的記憶體也只有T1（台大T3），因此反而塞在政大線路。於是我又向中華電信另外租用黃金網路來解決這個問題。最後，致理的電腦設備與網路，都是當時全國最優秀的。後來甚至多次接受青輔會所託舉辦訓練活動，其理由便是致理的網路值得信賴。

其次，在體育設施部分，民國八十四年十一月，我重新整建四座網球場為PU標準場地，並設置標準排球場三座。此後，因致理學生畢業後以從商為主，更增設了小型高爾夫球教學練習場，並開設高爾夫球課程，讓同學們可以提早接觸商業場合流行的球類運動。此後，又於八十六年暑假，將操場西側原有籃球場調整為三面計十個籃球架的籃球場。八十九年寒假，增設夜間照明設備。九十年暑假，將原有網球場、籃球場與排球場加鋪壓克力地面，減少運動傷害。

其三，老舊廁所部分。致理舊有廁所多已破敗不堪，影響教職員生日常生活甚鉅。我向同仁和學生們說：「可以一天不見到校長，不能一天不上廁所。」於是逐年編列預算，整修廁所，包括增加蓄水桶與更新感應式沖水尿斗等，並根據致理學生需求調整男女廁所比例。以和平樓、信義樓與仁愛樓等教學大樓優先處理，作為行政大樓的忠孝樓殿後，在民國九十年之前，陸續完成改良工程。此外，和平、仁愛樓整修時，並利用造邊空地增建廁所和走廊，增加樓地板面積三百餘平方公尺，除改善洗手間不足的問題外，更加大了學生活動空間。

其四，疏通排水系統工程。致理所在地區，本來是阡陌縱橫的田地，數十年來，周邊起建高樓大廈，填土墊地，雖是繁榮發展，卻使致理成為低窪地區，逢雨便積水。令我想起政治大學早年情況，也因過往經驗，我在上任之初，火速責令總務處規劃興建排水溝渠，幸好順利在八十三學年度完成，並經常疏濬，致理從此不再有淹水問題。

其五，電纜地下化。致理從民國五十三年創辦，歷經數十年，許多校舍、設施非一時規劃，導致各式電線電纜縱橫交錯，雜亂不堪；又兼所植樹木甚多，一旦有颱風或雷雨來襲，電纜與樹木碰撞，不僅造成停電，也恐發生意外。因此，為了安全和美觀，我也陸續規劃將高壓電纜與電信電纜地下化，使校園景色清淨美觀，增進學生學習情緒之餘，也減少意外發生的可能性。

最後，為了打造舒適的校園環境，我也陸續處理、改善致理的化糞池、消防設施與無障礙設施等。首先，致理原有的化糞池因為工法老舊，排放汙水時惡臭不堪，影響師生上課情緒。因此我從民國八十七年開始，分批逐步將所有化糞池改為生化處理，不僅符合環保署規定之流放標準，也令校園不再瀰漫惡臭。再者，致理所有的教室原先皆無消防設施，非常不妥，一旦火災發生，後果不堪設想。因此，我在信義樓補強整修工程進行的同時，也增設了整套自動給水消防設備。將原有兩座蓄水池，移作消防用水，另外再新建地上專供飲用的蓄水池。同時也在其上增設安全欄杆、採光罩等，讓學生可以做為室外活動表演場地，一舉兩得。同時，我也盡力達成校園「無障礙」目標，除了既有設備的加強維護外，也配合整修工程，拓寬殘障坡道，改建殘障專用廁所，打造無障礙生活環境。

四　推動教學事務

在建物整修與興建工作依每年期程、按部就班進行的同時，我也必須盡心盡力處理教務問題。前面說到，我在上任之初所做的組織氣候調查，當中與教務相關的回饋包括：學生對老師不禮貌、學生不及格比例高、補修機制不友善等等。

有人可能會問，學生對老師不禮貌為何與教務相關呢？我認為，學生之所以不尊重老師，一部分的原因來自於他們對教師的專業評價不夠高；而學生不及格比例太高，以及補修機制不友善，也都跟教師的教學評量方針有關。換言之，這些回饋背後所反映的，其實是教師的教學有改善空間，而非僅是學生的學習或態度問題。我需要做的，應是協助教師提升教學品質，希望能推動優良、創新的教學概念與原則，並改善不好的、不合理的教學方法與習慣。

（一）協助提升教學品質

每學期的假期，我們會召開教學研討會，或行政人員研習會，趁這類研習會時間，我會跟老師們分享教學的心得，以及希望老師們協助配合之處。如果仍有需要，我會再另外特別安排時間，通常是在週三下午的共同活動時間，邀請老師們到校長室談話。

在這些分享、談話中，我通常會先將我數十年來總結出的教學三層次分享給老師們，即：

「自己會」、「會教人」、「教人會」

所謂「自己會」，指的是有效掌握自己所學的專業；「會教人」則是指懂得教學方法、教學心理，擁有教人的技術與手段；最後「教人會」則是指教師所教授的內容，都能確實地讓學生學會。所有來大專院校任職的老師，他們都是專家學者，在「自己會」這個層面上，都是無庸置疑的，不過，對於第二和第三個層次，就不一定能掌握，因此非常希望我的經驗有可以協助本校老師之處。而在談話中，我也常舉一些例子或故事跟老師們分享。這裡講一個我常說的故事：

我有一位政大外交系同學，雖然不曾修過教育學分，畢業後，民國五十年仍到新莊中學擔任英文教師。有一次我正好去新莊中學見到他，他跟我說：「新莊中學學生英文都太差了！一班五十個，我只能給五個及格。」我跟他滿熟的，就問他：「這麼多不及格，你有沒有想過，到底是學生不努力呢？還是你標準太高呢？甚至於是你教不好呢？」他沒有正面回應，只是重複強調學生程度不足，甚至說：「我現在連他們的考卷都不看，反正學校要我給多少人及格，我就隨便給多少人及格。」也不管之後如果學校要檢查怎麼辦。後來教務處果真查看考卷，他當然拿不出來……。

我說這個故事，主要是為了跟老師們分享一個想法，即：作為老師，應該採用有效的教學方式，以及合理的評分標準，讓同學們學習、成長，而非以自身的主觀感受來否定學生，否則將會是失敗的教學。這也就是從「自己會」朝向「會教人」乃至於「教人會」的第一步。

那麼，什麼是有效的教學方式呢？我根據數十年來，各課程單元的教學經驗，總結出六個字，即：

「清楚」、「條理」、「生動」

具體來說，教學時要有明確的教學目標、教材內容要講得清楚、有條理，教學方式要生動。能做到這六個字，那就一定能做一位好老師。其中，「清楚」和「條理」幫助老師們有效地傳遞知識；「生動」則能吸引學生。事實上，「生動」是最重要也是最困難的一點，在教學上有許多方法可以讓授課內容更生動，例如：舉例、提供實物、配合投影片或影片等等。有了這些輔助內容，讓課程生動活潑，更容易得到學生的接受與尊敬。

至於合理的評分標準，我也有六字心得，即：

「清楚」、「記憶」、「應用」

教學評量的目的，即在檢驗學生對課程的學習情況。所以評量的設計，首先要看學生是否清楚授課內容，其次則看學生能否記住重要的原理原則，最後再看學生能否靈活應用。需要指出的是，第二點所謂記憶，不是要學生什麼東西都死記硬背，而是要區分精讀和略讀。以數字為例，如身分證號碼、手機號碼必須精讀，加強記憶；但有些數字略讀即可，如喜馬拉雅山、玉山有多高，大概記得幾千公尺就夠了，不須記到八八四八、三九五二。換言之，記憶的部分應考察的是最重要的原理原則，記住原理原則，才有辦法應用，而非背誦枝微末節的瑣碎知識。

總之，把握這三點，我們的學期評量可以有很多彈性調整的方式。畢竟，老師們教學固然都很認真，但考評不是為了將學生考倒。我認為，好的老師應該要通過考評方式的調整，盡量讓學生及格，順利取得所修學分。

我們學期成績的評分，一般分為三個部分：平時成績、期中成績（期中考試）、期末成績（期末考試）。通常平時成績占百分之四十、期中、期末成績共占百分之六十。就我自己的教學習慣來說，平時成績若有不及格者，我會指定學生寫心得報告，掌握其了解的程度。期中成績部分，我會在期中考試時出四題的問答題，如果學生很清楚課程內容，應該要能很有條理地回答出來；如果答不出來，我則會根據該學生無法回答的題目，另外提供若干本書，指定閱讀章節，請他撰寫心得報告，如果學生能做到，就讓他的期中成績及格。期末成績部分，我則習慣在期末考試混合是非題、選擇題與問答題等，且通常問答題可以四選二作答，減輕學生答題的負擔。總之，我們授課的目的，是讓學生了解課程內容，通過彈性的評分方式，讓學生在有效學習、掌握知識的同時，也能順利取得學分，而不是只用某一嚴格標準考倒學生，再讓他負擔高昂學費，曠日廢時地去補修。

當然，無論老師如何彈性調整，每學期總還是會有若干不及格的學生需要補修；但根據學生之前的回饋，原先的辦法中，補修須繳交高昂學分費，確實造成他們頗大的負擔。此外，甚至衍生出某些教師的不當行為。一次，某兼任教師竟以補修費作為學期及格的代價——學期末前，讓一些預計不及格的同學，先把補修費交給他，便可予以及格——該班班長非常生氣地來告狀，我連忙請教務主任打電話詢問，該老師還不承認。後來學生拿了匯款單證明，我立刻致電這位老師，嚴正告知其不當行為已經影響校譽，但為了留一線情面，請他自己辭職，否則學校將予以正式處分。隔天他就火速辭職了。

發生這件事情的原因，雖說主要是該老師的品德問題，但同時也反映了我們原先實施方式的缺陷。於是我想到一個辦法，我聯絡了臺北商專、醒吾商專、德明商專、市政專校等校，建立跨校修課機制，凡是本校某課程不及格的同學，只要合作的學校有開設該課，同學們可以跨校選修，不需要額外繳交高昂學分費。及格之後，我們一樣將其計入本校的畢業學分。這個做法推行之初，雖然有少部分老師還不很認同，但取得了學生們的普遍好評，最後一直施行至今。

經過一段時間，致理學生各科不及格比例過高，以及補修制度不友善所造成的問題逐漸解決。不過，到了民國八十八年，我又發現了另一個問題。

民國八十八年，教育部開始實行升大學推薦甄試制度，這個推甄方案需要學生有較優良的在學成績，才足以和其他考生競爭。然而，各學校乃至老師們在「優良」的評分標準上不一致，有時最高分可以打到九十八分以上，有時卻只有八十幾分。這造成了致理的同學們雖然也很優秀，但成績的數字往往比起其他學校的學生略遜一籌。我們因此希望老師們可以放寬評分成績的上限，讓同學們可以有更好的升學選擇。但每位老師的習慣不同，我需要額外花時間說明，請老師們盡量幫忙，並協調出一個較為一致的高、中、低標準，慢慢地，在各課程中反映「優良」水準的成績才漸趨一致。

此外，因為以前沒有「銷過」辦法，以至於曾被記警告、記過的同學，到推甄升學須提供在學成績單時，總是不好看。以前雖然有「將功抵過」的做法，但那只是在操行成績上取得平衡，並不會消除曾經的記過；關於這個，有一則小故事可以講。

致理忠孝樓前有一座國父銅像，在我當校長之前就矗立在那，後來聽同仁們說起才曉得，那是過去某學生捐獻的——他因和人打架鬥毆記了兩大過，準備要被退學，其父找當時的致理董事求情，後來協調了一個方案：如果對學校有貢獻，可以記功相抵——便捐了國父銅像，記了兩大功，才免於被退學的下場。後來，這位同學在高雄成立了不鏽鋼公司，我也曾在當時的致理校友會會長林聰明先生的帶領下，和梁董事長一道去參觀。

雖然當時這位同學的做法，真要說起來有點「易科罰金」的味道，但我們若探本溯源，則學校畢竟是教育的場所，作為教育者，我們的目的是教育學生、導正學生，而並非懲罰學生，乃至於對他未來的人生造成負面影響。從另一面講，在校園內的犯錯記過，對學生來說也是一種很好的學習過程，換句話說，我們應該提供學生改過遷善的機會。因此，所有的獎懲規定，都應該保留一定的彈性，乃至於修改的空間。而且事實上，學生在學校求學的過程中，大部分被記過的事由都不嚴重，多是訓導處老師或教官對學生們服裝不整、遲到早退的管教結果。而前文也提到，學生在問卷調查的回饋中，對於教官與訓導處老師的管教太過嚴格頗有微詞，甚至有部分同學，會在畢業典禮後，因記恨而破壞公物。換言之，學校在「訓育」方面的做法，除了在學生升學的競爭力上有不小影響，對於學校環境、校園氛圍亦然，作為校長必須予以重視，因時制宜，靈活因應。

有鑑於此，在全國都還沒有統一的「銷過」辦法時，我便在致理積極推動——不是將功抵過，而是經由勞動服務或其他做法，直接在成績單上刪去——讓學生們在記取教訓的同時，也不會留下不好的紀錄。不過在此之前，我必須先說服訓導處的老師與教官，因為他們往往站在傳統的訓育立場，認為學生的犯錯紀錄不可輕易撤銷，才能有所警醒。這固然有道理，但是，時代與制度都在變化，而且從訓育的角度來說，「銷過」也將使管教更具彈性；訓導處老師、教官與學生之間的對立緊張關係，也得以因之而較為緩和。

最後，在致理除了考試舞弊不得銷過之外，其他林林總總的記過，泰半都可以經由勞動服務等銷過了。後來的這二十餘年，銷過已經變成各級學校通行的辦法，現在的師生們也都認為理所當然，誰還曉得這些制度在過去是如何被推動的呢？

（二）課程的開拓與改革

我在致理的八年，因應大專教育的新趨勢，也主動在課程上做了許多開拓與改革。

首先是輔導課程的推動。在〈旭日東昇〉章有提到，我曾經在政大受到教育輔導專家吳鼎老師的教誨，知曉輔導教育對學生身心健全的重要性，在我後來的教學生涯中，也一直不敢或忘，奉為圭臬。同時，我也曾在民國六十八年左右，擔任過一年的政治大學學生心理衛生輔導中心主任委員，對於輔導教育的推廣有一定經驗。此前，民國六十一年有外國球隊來臺友誼賽，外國球員與球迷不吝展露身體的大膽作風，給國人帶來不小衝擊，導致教育單位積極研擬推動輔導教育以及性教育，因應更為開放的風氣。我擔任學輔中心主任委員時，正在這段適應期中。到各中學演講時，也都會提醒教師們理解當前青少年流行的次文化表現，以更好地輔導學生。

通過這些經驗，我一直在思考，我們的教育究竟應該提供給學生什麼內容？事實上，長久以來，我們的學校教育都有一個缺失，即過分重視知識。同時，在品德教育上，也僅強調尊重師長和父母，教育學生扮演乖巧懂事的晚輩——但卻從來未曾告訴學生們，如何扮演丈夫或妻子、父親或母親。我們不曾重視如何面對兩性關係，如何養育後代的課題，而這些只能通過輔導教育來傳達。職是之故，我在上任致理校長之後，便積極推動輔導課程納入必修。

民國八十三年，我首開全國大專校院風氣之先，將輔導課程訂為必修學分。五專部開設「生涯規劃與時間管理」及「兩性教育與問題解決」；四技部則開設「生涯規劃與發展」、「人際關係與溝通」，總計四門輔導課程。我更與當時學生輔導中心的主任廖月秀教授，以及黃貴祥教授、張定中教授等，共同編纂了生涯規劃的課程教材，後來使用了許多年。這些輔導課程與教材可以幫助學生認識自我、規劃生涯，建立正確的兩性與人際觀念，以及培養解決問題的能力，讓他們得以更全面地準備面對未來的人生，除此之外，也能創造更為和諧的校園氛圍。

必修輔導課程在致理推動以來成效良好，除了聘請專業輔導師資外，並成立「輔導諮詢小組」，提供學生更全方位的輔導諮詢服務。除此之外，我也曾經針對不同對象學生舉辦「與校長談心」活動，盡可能傾聽同學心聲，以期有效解決學生問題。通過這些課程與輔導平台，我們能更直接地面對同學在課業、生活、人際、工作規劃等各面向的問題，並嘗試提供解決方法，得到許多同學們的正向回饋。同時，也因對輔導工作推動貢獻甚大，得到相關單位的肯定。行政院青年輔導委員會甚至據此建議教育部，將「生涯規劃」列為各校必修課程，此後各校紛紛仿效，而我們更因此榮獲中國輔導學會「九十年度輔

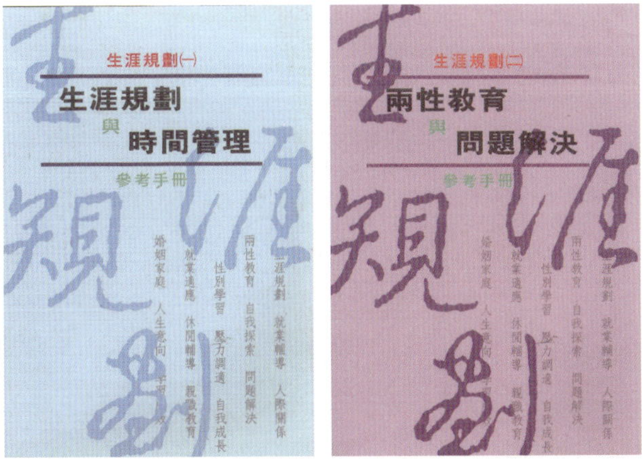

生涯規劃課程教材

導工作績優學校」的殊榮。換言之，我在推動輔導課程方面的影響，固不僅在致理一隅而已。

話雖如此，當年各校推動輔導課程的過程，並不都像致理那麼順利，最大的問題在於，一旦將輔導課程列為必修，勢必排擠原先其他必修科目的學分數，嚴重時甚至會影響教師聘任。五專部畢業總學分數從兩百四十減到兩百二十時，就發生不少問題了，遑論增加必修課呢？記得楊極東校長在臺北商專主政時，也曾嘗試推動必修輔導課程，但在總學分數不變的情況下，哪些科目的學分數應該減少，便引起各科老師們的爭論，整個學校鬧得不得了，最後楊校長甚至因此辭職不幹，辦理退休，後承實踐大學謝董事長之邀，轉任實踐大學副校長。可見校務改革，並不是都那麼容易的，往往阻礙多於助力，其中艱困不足為外人道。幸運的是，我在致理推動輔導課程，比楊校長順利多了，甚至可說是通行無阻，我相信這必然與我上任之初，積極與教職員生溝通、掌握組織氣候的努力有關。

其次，我也在致理開闢了嶄新的「講座課程」制度，同樣也是開風氣之先的做法，分為三類，即：「名人講座」、「專題講座」與「專業講座」：

「名人講座」由校長主持，邀請當代產官學研各界專家學者蒞校演講。事實上，那時候還不叫「名人講座」，只是我積極地在週會時間安排，邀請當代政商界知名人士蒞校演講，讓教師與學生皆能因此受益。後來才定名為「名人講座」。

「專題講座」由系科主任或資深教授主持，每學期十八週中，有十二週的課程得邀請該系科專業領域中，貢獻良多、成就卓越的代表人物來校助講。

「專業講座」則是學校所有領域的專任老師皆可申請，每學期於期中、末考前各一次，邀請與課程主題相關的校外專家學者演講。縱然是體育課程，也可以邀請有優秀成績的選手來分享，以活化課程。

這個講座課程制度，其實是我在思考如何讓致理的教師們與產、官界建立更緊密關係的問題時，逐漸成形的。我認為，教師們可以通過這些講座課程的規劃與實施，與校外專家學者之間產生正向的連結，並拓展未來各類合作的可能性；而校長的責任，就在於讓這個連結的建立付諸實行，除了編列足夠的預算經費，並督促各級主管、專任老師積極施作之外，也以身作則，邀請名人，以彰顯其效益，例如時任行政院長蕭萬長先生、內政部部長林洋港先生、救國團主任李鍾桂女士等人，都曾在我盛情相邀下蒞校演講。

總的來說，這個講座制度實行之後，一方面能讓學校與教師和產、官界建立更多連結，另一方面，也讓同學們得以直接接觸校外專家學者，在增廣見聞之外，更能有所學習惕勵，因而廣獲好評，各校循此模式仿效者不少，更成為後來教育部推動產官學合作之基礎與模範。至今致理仍年年編列預算，開設「名人講座」、「財金CEO講堂」、「智慧商務講堂」，以及各系科實務專題講座、生命講座等，都是在當年的基礎上逐漸拓展的，

陪同蕭萬長先生與同學們合影。民國九〇年致理綜合教學大樓落成後的第一場名人講座，便邀請蕭萬長先生蒞校演講。

也讓致理一直走在產官學研合作的第一線。

從前文可知，我在致理擔任校長的八年中，在教學事務上推動了不少新穎的改革措施，大多一直實施至今。不過，直到卸任，我仍有兩件特別想做卻未能實行的想法。

（三）未竟之事

第一件是建教合作的制度化，我因曾在政大教育系擔任五年級教師實習之輔導老師，受該經驗啟發，便想：五專部同學在五年級時，是否能直接進入企業實習，提早體驗職場，以更好地和業界接軌？我原先的規劃是，將各科畢業班分為兩組，上學期一組在校內上課，一組到合作的企業內實習，下學期再交換。並且，學校可將企業中帶實習生的負責人，聘為業界實習導師。我將這個想法傳達給教務處同仁研究後，雖然覺得是很好的主意，但實務上不太可能做到，因為牽涉到修業學程與學分規定，都是制度上的問題，且後者屬於教育部定層級的規定，並非單一學校可以擅自修改的，因此只好放棄這個計畫。然而，到了民國一〇七年，教育部公布了〈專科學校以上校外實習教育法〉，其核心概念與作法，一如我二十幾年前的構想。沒辦法，很多時候不是我們的想法不好，只是時機還沒到罷了。

第二件是協助新進老師的教學輔導制度。大專校院的教師，因為被定位為專家學者，不需要修習教育學分，故此新進教師往往沒有教學經驗。然而，教師需要的不僅是專業知識，教學素養也很重要。

我曾經在美國參觀過柏克萊大學的教學中心，得知他們設計了對新進教師的輔導制度：每位新進教師，每年需將其所授某一堂課錄影，並邀請數位資深專業教師，於看完錄影之後，一同討論並給予建議，以此來協助新進教師提升教學表現。我很想將這一套做法在致理實施，不過礙於種種現實因素，一直沒有落實。然而我始終認為，教育也是一項專業素養，教師需對教學方法有足夠了解，才能勝任這份工作。不過，雖然我當時未能制度化推行，但在卸任校長之後，轉任學校董事，仍然以另一種方式與身分，致力於新進教師輔導工作，也算是在一定程度上實踐了這個想法。

五　改善校園氛圍

前文提到，我在上任之初，為了掌握致理教職員生的組織氣候，做了許多調查工作，並得到各式各樣的回饋，讓我可以藉此確立校務改革措施的方向。於此同時，我也不斷地在思考如何營造更好的校園氛圍。我認為，溫馨友善的校園氛圍，對於教師的教學表現和學生的學習效益，都有直接且巨大的影響，不可不慎重之。

前文所說關於老舊建物的整建翻新、積極鼓勵式的冷氣標語、協助提升教師教學品質、調整訓育管教方式，乃至於課程改革與新創等，固然都是很務實的做法，也產生了極大效益，但我們不可忽略的是這些措施對校園氛圍的正加強，縱然無法量化，但卻實實在在地影響著整個學校。

除了這些做法之外，我也進一步省思此前所得到的各種回饋，從而擘劃了一些校園活動，以更好地營造溫馨友善的氛圍，到後來甚至可以配合招生業務，以創造更大的效益。這些校園活動的規劃創意，得從「敬師」一事談起。

（一）校長親致聘書

首先，我在上任之初發現一個現象——當時的致理因為是私校，在聘任老師的作法上，與公立學校有所不同——縱然是專任教師，仍是每學年發一次聘書，且皆由人事室發通知請教師們自行領取。許多教師在學年結束之後，往往對於下一學年是否仍能受聘，感到惴惴不安，不時便致電或親至人事室詢問。除了造成學校行政單位與教師之間的緊張關係之外，教師們為了生計，而常處惶恐之中，對他們在教學上的投入與表現，也是一種負面影響。然而，教師是學校最重要的資產，如果輕慢教師，最後將會自食惡果。換言之，這個現象反映的是學校在「敬師」風氣上的不足，應該積極改善。

有鑑於此，我將每學年發放聘書的時間提早。當時每學年下學期末，學校都會召開兩場教學研討會：一場為教務處主持，以教學事務為主；一場為訓導處主持，以訓育輔導為主。這兩場的中場休息時間原本皆為十分鐘，我將其加長為二十五分鐘，稱為「咖啡時間」，為的是利用這段時間，一一向出席的教師致謝，並親自遞上聘書。剛上任的時候，未及認識所有老師，便請人事室主任協助。在咖啡時間中，除了遞上聘書之外，我也會誠摯地向每位教師說道：「過去一年辛苦了，下個年度，請繼續鼎力協助，謝謝！」此外，我也會在一級主管座談會中，當面向他們致謝，並請他們繼續擔任行政主管，支持學校的校務發展。

由校長親致聘書的做法，一如光復初期在臺辦學先賢所為，在當時卻已是歷史記憶。然而，為了讓勞苦功高的教師感受到學校對他們的仰仗與尊敬，校長責無旁貸，所幸致理的教師們也都因此而頗為感動。畢竟這雖是簡單之舉，卻承載了深刻的「尊師重道」意涵，不可小覷。

在我之後，因致理的規模不斷成長，在教師人數遽增、行政事務漸趨複雜的情況下，校長或許無法再躬親為之，這也無可厚非。再後來，因為教師聘任方式改變，也不再需要每學年發放一次專任教師聘書；然而，至今每學期的兼任教師教學研討會，仍由各系科主任、召集人為代表，親自向教師們致謝並奉上聘書，亦不失為此一「敬師」風氣的流風餘緒吧！

（二）學生敬師活動

話說回來，在我上任之初，改採親致聘書作法後，教師們確實感受到學校對他們的敬意，然而，教師們仍反映：「雖然學校尊敬我們，但學生還是常有不尊敬師長的現象。」關於學生對師長不尊敬的原因，其中一部分前面說過，來自於學生對教師專業評價不足，所以我要協助提升教師的教學品質。然而，若教師的教學無可挑剔，學生是否也應有正向回饋呢？這也是無庸置疑的。並且，我認為學生主動向教師們表達敬愛感謝之意，也是營造溫馨友善校園氛圍的重要一環，因此，在校長以身作則的同時，我也積極規劃以學生為主體的敬師系列活動。

首先，我運用教育部訓委會撥給私立學校的補助款，加上學校內部的配合款，編列充足的經費來支持。首先是舉辦導生活動，讓導師與學生們有更多互動機會外，其次則舉辦導師座談會，除了提供導師輔導方面的知能研習外，也會安排校外活動，例如某年便曾由我帶隊到金門去參訪，藉以活化教師團隊。最後，最重要的，是由學生會負責辦理的教師節敬師餐會活動。

決定舉辦此敬師餐會活動後，我便陸續找學生們談話，以其他學校在敬師活動上的好作法為例，引導他們思考呈現方式。到了九月廿八日，全校的專兼任教師與學生齊聚學校禮堂，除了一同饗宴之外，學生們更安排了幾個節目，包括致贈導師與每位任課老師教師節卡片，並表達感謝之意，以及各式各樣的康樂表演等，這個時候，真可謂師生一堂，其樂也融融。

事實上，這並非必要的活動，很多學校為了節省經費也從未舉辦，然而，為了營造良好的敬師氛圍，我認為這些活動有其意義，也很值得投資。

（三）結合招生業務

當敬師風氣成形，並漸次加強的同時，我也將相關活動與招生業務結合，規劃了一個相當有創意的做法。靈感來自於某次校務會議中，學校對招生宣傳方式調整的討論。

當時夜間部的招生宣傳，原先皆用夾報傳單，但效果平平。於是，同仁們便建議改用當時較為新潮的車廂廣告。然而，車廂廣告所費不貲，每條車行路線的成本是一個月二十四萬，試行一段時間後，仍未有明顯成效，更讓我感到不合算。這時我靈機一動，我想致理既然已經逐漸建立起良好的師生氛圍，那是否也能藉由類似的敬師活動，讓同學們回到他的國中母校，向國中老師們表達感謝之意的同時，也能協助致理建立良好印象，並順帶達成招生宣傳的目的呢？

這個想法成形之後，我便將預計用於車廂廣告的經費，拿來製作一份一百元左右的紀念品，一共做了兩千餘份，上頭印有致理的校徽與校名，並告訴同學們：在其國中母校校慶或重大節日時，可來領取致理的紀念品及簡介，加上自製的謝師卡片，返校致贈親近的老師。同時更承諾給予公假，鼓勵同學們返校與師長歡聚。

這個活動在民國八十五年第一次實施，那時我們得到了非常多的正向回饋。很多國中的老師們都沒想到自己的學生畢業後，仍願意主動返校表達敬愛之情，因此都非常地感動。同時，對於鼓勵學生們這麼做的致理商專，更是相當稱讚，對我們的好感大大地提升，並願意在學校幫致理宣傳。

得到這些良好反應，我自然相當高興。然而，以實際招生的數據來看，雖然略有起色，但仍有努力空間。於是到了第二年，我做了一個調整，以加強力度，即鼓勵同學們邀請致理的導師、教務主任、訓導主任，甚至是校長，一同回國中母校。並且，我請所有陪同的主任、教師，務必熟悉該學生的在校表現，到時引為談資之餘，也展現致理教師對學生們的用心與關愛。這個加強做法實施之後，我們便陸續與四十餘所下游國中建立起更緊密的連結，招生困難的問題也隨之迎刃而解。到後來，我們更將這個做法制度化，每年正式發函給下游學校約定拜訪時間，這些關係良好的學校，每每在教師與學生偕同返校時，都會高掛歡迎布條，慎重接待。

而我們與下游學校的關係，不僅表現在返校敬師活動上。後來，每當致理的畢業典禮，將對表現優異學生頒獎時，或是學生有校外參賽得獎，要舉行獻獎儀式時，我們都會邀請受獎學生的母校校長列席觀禮，一起祝賀學生。每年畢業典禮的貴賓席中，都有數十位國中與職校校長在座，頗為壯觀。

總而言之，從原先的返母校敬師活動配合招生宣傳開始，逐步加強，我們最終得以掌握穩定有效的生源，同時也在不斷地擴充、成長。後來，致理的招生處在這個基礎上，還增加了赴國中、高中與高職演講的活動等，以不斷活化我們跟下游學校間的關係。最後，這個做法更演變為當前各大專校院熟悉的到校招生宣傳模式，這實在也是我所始料未及的了。

六　升格技術學院

我在致理擔任校長的八年間，除了前面提到的各類校務改革、制度建立、建設工作與校園氛圍的改善之外，最重要的貢獻還有一項，便是在民國八十九年協助致理商專升格為「技術學院」，為後來正名為「科技大學」奠下基礎。

民國八十年代中期，教育部開始積極輔導各專科學校升級為技術學院，原先的規劃是一年辦理六所學校的升格，公私立各半，並規定許多檢核評鑑標準，包括學生人數、住校人數、學校設備、師資與生師比、每位學生能擁有的校舍樓地板面積等等。

我們致理商專最早在民國八十五年準備申請升格時，當年度的各項評鑑泰半皆達成，且多數評為優等——甚至預聘了八位兼任副教授，約定升格之後正式聘任[註四]——總算獲得教育部同意，與臺北商專等數校同列在該年度升格備查名單內。但後來致理商專與臺北商專的升格案卻仍被行政院否決，原因是這兩所學校的校地面積都未達規定的五公頃——當時致理的校地面積是四點三公頃，臺北商專則僅有兩公頃。

為了達成這項規定，我們開始積極奔走，找尋校地，通過當時甫成立不久之致理校友會，第一屆會長林聰明董事長等人的協助[註五]，到全臺各地考察，其中以宜蘭縣較有機會，因為當時宜蘭縣長游錫堃先生，是在我任內頒贈的致理傑出校友。我們非常感謝他的幫忙，然而，當時他所能介紹、提供的地點，我和董事長等皆不太滿意，但因當時幾個更理想的土地，都已被其他單位如佛光大學與淡江大學等預定了，所以也無可奈何。實地考察一圈之後，我們仍然遍尋不著合適校地，只好暫時放棄。

後來我一再細讀當時的法規，研究當中的各項標準，發現了一個我們可以操作的地方。

當時的法規，雖然要求大專學校校地面積須達五公頃，然而，其中有一條規定，意思大概是這樣

民國八十七年，致理商專校友會成立大會。

頒贈傑出校友獎座予游錫堃先生等。右三至右五分別為為游錫堃先生、梁秉權董事長、我。

游錫堃先生接受梁秉權董事長頒贈傑出校友。

註四　包括政治大學中文系洪讚教授等，升格之後，洪讚教授正式到致理任教，並擔任主任秘書。

註五　在此我必須向林聰明會長以及其後歷任致理校友會會長致上謝意。自民國八十七年致理校友會成立後，除第一任會長林聰明之外，第二任劉炳輝，第三任吳仕基，第四任羅明才，第五任吳高興，第六任洪立庚等人，都鼎力協助學校推動校務，且與我相處得很好，對他們的付出和情誼，我感到既敬佩又溫暖。

的：學校所在社區的公共設施，如果能提供作為體育教學使用的話，便可替代一定比例的校地面積，但不能超過一公頃。[註六]於是，我便和位於板橋的臺北縣立體育館商談，簽訂了兩年的合約。這樣一來，我們學校的四公頃校地，加上體育館的一公頃，便達到了規定的五公頃，順利升格為技術學院。

當時，許多學校為了升格，都必須積極找尋校地，開闢第二乃至第三校區，付出了相當高昂的成本，例如臺北商專（臺北商業大學）的桃園校區、實踐家專（實踐大學）的高雄校區、世新專校（世新大學）的深坑校區等，不可勝數。致理在升格為技術學院時，因為我的做法，省下了開闢校區的一大筆開銷，利於我們往後更多校務的開展。

致理五十週年校慶餐會合影。其中後排右四即為第一任校友會會長林聰明先生，右三則是第五任校友會會長吳高興先生。

升格技術學院掛牌儀式

「慶祝改制技術學院」酒會中與梁秉權董事長及董事們合影。
由左至右分別為：朱堅章董事、田廣志董事、宋時選先生、梁秉權董事長、我、梁聖時董事（現任董事長）、羅明才立法委員（校友）。

雖然如此，民國一〇二年我們提出申請正名為科技大學時，卻遭到教育部的刁難，要求至少九成的助理教授以上師資，以及一定要五公頃以上的校地。前者對於本是技術學院的致理來說，實在不合理，但不得已，我們只能緊急加聘一批教師，並請部分資深講師提早退休，以符合規定比例。至於後者，所幸經由尚世昌校長的協調與努力，請游錫堃先生與當時新北市教育局局長和教育部技職司司長幫助，仍然租用了新北市政府所有，位於淡水，約零點七三公頃，本為某小學分校的一塊預定地，以確實達到五公頃校地的規定，加上其他評鑑條件皆為優等，最終得以順利正名。

七　其他實績概覽

回顧我在致理任校長將近八年的時光，因應學校所需，盡心盡力推動各種校務措施，最終得到了許多成果，其中最為重要的幾項貢獻，已略如前文所述。但校務紛雜，曾董理之事項不可勝數。除了前文所提者外，還有不少治校實績，後來致理同仁曾費心整理，現據之將前文未及敘述者，擇要羅列於下方，希望在誌念之餘，也能供後來者參考惕勵。註七

註六　【撰寫者案】民國九十八年廢除的〈各級各類私立學校設立標準〉第七條第一點：「學校所在社區公共設施可供學校作為體育教學使用，且能提出同意使用證明文件，並經主管教育行政機關核准者，其校地面積標準，得酌減該公共設施可提供使用面積之二分之一。但酌減面積不得超過校地面積之五分之一。」

註七　【撰寫者案】以下羅列者，皆整理、改寫自致理技術學院：《致理‧愛‧校長》及致理科技大學：《中華民國私立教育事業協會一〇九年全國傑出教師「弘道獎」選拔推薦資料》等資料。

一、重視教職員工福利，與金融機構（中央信託局）合作，爭取教職員工存款均比照金融機構員工存款利率優惠待遇。教職員薪資比照公立大學；一、二級主管及兼行政老師加給優於公立大學。

二、培養學生跨領域核心能力，依職場需要及學生興趣，陸續開設十九個跨領域學分學程，使學生具跨域整合能力。同時獎勵學生考取各類專業證照，強化學生專業實作能力，使學生取得證照總張數多年來皆於技職校院中居冠。

三、倡導生命教育，提倡體育風氣，將每年三月份訂為「健康體適能月」。鼓勵全校師生積極參與體育活動，同時並開放社區民眾到校晨運，營造致理良好的體育教育與運動風氣。同時以身作則帶領教職員工網球隊，自校長任內乃至轉任董事，連續二十餘年參加全國大專校院教職員工網球錦標賽，創造二冠、五亞、四季、一殿軍之佳績。民國九十年獲得體育績優學校獎項。九十一學年度獲時任教育部長黃榮村頒發「功在體育」獎盃。

四、照顧清寒暨優秀學生，設置清寒優秀獎學金、急難慰助金、弱勢助學金、熱心公益獎學金及「致理之愛」基金等。

五、於教育部各類評鑑中屢獲佳績，包括：（1）八十八年教育部訓輔工作評鑑一等、（2）八十八年內政部「兵役行政」事務績優學校、（3）八十九年通過ISO 9002國際品質認證、（4）九十年教育部全國輔導工作績優學校等。

民國八十九年，與寧波大學簽訂合作契約儀式。

致理代表隊學生們赴東華大學參加大專運動會前的授旗儀式。

民國八十八年，美國加州管理學院毛院長率領八所加州策略聯盟學校代表到致理參訪交流。

九十學年度體育績優學校頒獎時，與李遠哲先生等人合影。左二為李遠哲先生。

校慶時與原住民朋友共舞

八　卸任致理校長

民國九十年年末，我向梁董事長提出在學年中提早卸任的想法。因為當時有部分輿論質疑臺灣各大專校院校長普遍年齡過大，所以教育部定出新的標準，要求大專校院校長由未逾六十五歲者出任，否則將會扣除一成補助款。而我當時已近七十歲，為此，致理一下少了每年約四百萬元的補助。於是我和梁董事長討論，希望能讓曾經擔任臺北商專校長，後來我禮聘回致理任教務長兼副校長的楊極東教授來接校長——當時他還未滿六十五歲——並試著將該四百萬元要回來。一則我已擔任校長近八年，大多數的

民國八十九年帶領致理全校導師及家屬至金門參訪。時任金門縣長陳水在（金門中學一二一五學生，立於我身側者）與其他同學到機場歡迎我和內子時合影。

民國八十九年，率領致理訓輔人員至金門參訪，與金門縣長陳水在先生（前排左二）和其他金門中學「一二一五」學生合影。

民國八十九年，率致理全體訓輔人員於金門莒光樓前合影。

校務改革與建設都已完成，學校經營的各方面也上了軌道，我想我的階段性任務也可告一段落；一則我也很想到美國去看看女兒們。梁董事長同意後，我便準備將學校交接給楊極東校長。

而這近八年的戮力經營，留下的不只是建設與制度，還有濃厚的同事與師生情誼，在這幾年，我致力於將致理營造成一個大家庭，我將教職員視作我的兄弟姊妹，將學生都視為兒女，也因此，每次的聚會相處、活動參與，我們總是能感到溫暖如春天的氣息，和樂無比。這些都令我非常地感念，也相當不捨。將近卸任之時，同事和學生們編了一本名為《致理・愛・校長》的紀念冊，裡頭除了記載各項我在校長任內做過的事情外，更有許許多多的教師、職員與學生們的紀念文字，至今每每撫卷細讀，總讓我感到無比的溫暖和自豪。

就這樣，我帶著滿滿的師生之愛，在九十一年初，卸下了致理校長重任，無事一身輕，便偕內子到美國和女兒、外孫們住了幾個月，看看她們的事業表現，到處遊山玩水，共享天倫之樂。

九　受邀擔任董事

在美國不到一年，李振棠議員便通知我，致理董事會駐校董事席次出缺，希望請我幫忙；我於是回國，和梁董事長與其他董事們談話之後，便同意了。從此，我又因著這個新

《致理・愛・校長》封面

的身分和責任，回到了我深愛的致理校園。

時光飛逝，到現在，我擔任致理駐校董事已逾二十年，仍然定期開會，關心、協助學校的經營發展。而在這段期間，我對致理的主要貢獻有二：一為校務諮詢，二為教師輔導。

（一）校務諮詢

在我之後接掌校務的第六到第九任校長們，不是我的學弟就是曾經的部屬，因此較為親近。我是政治大學二十期畢業，第六任楊極東校長是廿三期，第七任朱自力校長則是政大廿六期，都是我在政大服務時便認識多年的老友。第八任尚世昌校長，先是在致理做過學務長、總務長和主任秘書等，現在第九任陳珠龍校長，則做過教務長和企管系主任等，他們都是我在校長任內非常優秀的部屬。

正因為繼任校長們都與我有親近的關係，在他們領導學校時，便時常來向我請益，我也會提供我所知道的歷史與資訊，並給予一些心得建議。此外，我以前創建實施的各種校務制度不少，一來成效頗佳，二來也因後繼者們對我的想法較為了解，多半都很願意繼續推動，並且加入自己因時制宜的作法，讓學校在過去的基礎上不斷地向前邁進。

根據後來致理同仁們的整理，歷年來我在董事任內，通過諮詢建議協助校務，取得的成果不少，今擇要引述如下[註八]：

（1）正名科技大學：在致理商專升格為技術學院後，開始積極規劃重整學校教育組織架構，以為未來正名大學準備。九十學年度便擴增為三學群、十二系科，建立藍圖。同時指導開發淡水第二校區計畫，擴充校地面積。終於一〇四學年度，在尚世昌校長任內，順利正名科技大學。目前學校規模已臻完善，設有三學院、一獨立研究所；二碩士班及十一系科。

（2）成立校務研究中心：指導於一〇四學年度成立「校務研究中心」，聘請專職之研究分析與行政人員，偕同致理各單位建立校務研究資料庫，延續行之有年的各式校務議題研究，提供分析結果做為改善及精進之參考，逐步形塑以數據為本的校務治理模式，以促進致理之特色發展與永續經營。

（3）提升學術研究能量：為加強教師研究風氣，積極鼓勵教師申請國家科學及技術委員會研究獎助；另外特別編列獎助金獎勵教師參與研究或發表學術論文，且逐年提高獎勵金額，並增加補助教師發表期刊論文之潤稿與刊登費用。更於董事會中全力支持教師研究及產學合作之各項獎勵補助措施，對學校整體學術及產學實務研究能量之提升，助益良多。

（4）教育部計畫與業界合作案：為提供學生快樂實習、幸福就業的優質環境，指導學校努力爭取各類教育部大型計畫，連續十三（民九七至一〇九）年榮獲教學卓越計畫及高教深耕計畫高額獎助。另外積極邀請中華民國全國商業總會、新北市商業會等公協會，以及無店面公會、昇恒昌、阿里巴巴、富邦金控等國內外知名企業擔任致理「就業守護神」，守護學生的實習與就業。目前已與九百餘家就業守護神簽約，強化學生專業與實務能力，提高就業競爭力。

（5）推動學校節能措施：指導推動智慧節能管理系統，使學校在增建新大樓後，雖增加百分之廿三的樓地板面積，每年用電度數卻由六百六十二萬度下降為五百七十三萬度，EUI由一〇三・五九下降

註八　【撰寫者案】以下皆整理、改寫自致理科技大學編：《中華民國私立教育事業協會一〇九年全國傑出教師「弘道獎」選拔推薦資料》之傑出事蹟內容。

為七八・八八，累計每年節電約百分之廿七・四，估計年省逾五百萬元電費。另契約容量未因增建大樓設備增加而上升，反而由兩千一百瓩下降為一千九百瓩，每年節省四十八萬元。整體而言，因節能成效良好，為學校辦學保留更多資源，幫助學校永續經營，致理因而榮獲一〇八年度新北市智慧節能績效企業能源大戶特優獎。

（6）建立教育夥伴關係：配合「推動終身教育、建構學習社會」的教育改革政策，及推動技專校院與校外學習型組織建立全面嶄新的教育夥伴關係，除本國多所科技大學及商業職業學校外，更積極規劃與國外學校建立夥伴關係。至一〇八學年度，已與一百一十一所境外學校締結姊妹校，大陸地區有五十餘所，其他外國姊妹校共計五十七所；並積極與多所境外學校進行雙聯學制合作，如與美國舊金山州立大學（San Francisco State University）建立五年一貫碩學士MBA雙聯學制，與愛爾蘭的愛爾蘭國家學院（National College of Ireland）、泰國的宣素那他皇家大學（Suan Sunandha Rajabhat University）合辦學士學位雙聯學制等。

（7）推廣進修課程：依據教育部頒訂「大學推廣教育實施辦法」，開設八十學分班，提供社會人士重返校園充電與進修學歷的管道；在非學分班部分，亦開辦樂活學苑、樂齡大學、婦女大學、勞工大學等多元課程，提供社區居民多元學習選讀。此外，結合校內外院系與產官學各方面之資源，參與公部門標案，致力提供學員優質的學習環境，例如：結合新北市政府資源，開辦弱勢免費電腦課程，服務榮民榮眷；辦理職訓班隊，開拓職場第二專長、協助視障夥伴學習生活技能、開辦免費講座等，嘉惠鄰里鄉親。

（8）提供特殊教育學生「最少限制教育環境」：於民國九十三年指導成立資源教室，提供特殊教育學生在學期間必要之支持服務，建置無障礙生活空間及環境，協助特殊教育學生在課業學習、人際交往與未來升學就業都能有良好適應之發展。造就致理連續多年被教育部委託並指定為身障生甄試考場，熱心服務身障考生及家長，深獲好評。

以上這些重要成果的取得，最重要的當然是仰仗當時的校長以及致理優秀教職員團隊的努力，但我因著董事的身分與前校長的經歷，仍然盡我所能，積極協助，提供想法和建議，最終得以看著致理發展得越來越好，我也感到非常欣慰。

（二）教師輔導

前文曾提到，我一向關注教師的教學品質，並曾有將新進教師的教學輔導制度化的構想。到了尚世昌校長任內，每年舉辦新進人員座談會時，尚校長都會邀請我去演講，給新進教師一些鼓勵和提點。因為尚校長與我同事多年，彼此分享許多教育理念，他也親眼見證我在任內推行各項措施，並盡力協助，可說尚校長是最了解我治校想法的人之一。我非常認同，也非常感謝尚校長舉辦這樣的活動，而我在這些座談講演時，大概都會提到幾個重點：

首先，我會談到教師這個職業的價值。我認為從事教育，面對青春有活力的學子，能夠發揮自己的能力，傳道、授業、解惑，應該是快樂且有意義的事情。此時，我會提到我國最重要的教育家——孔子，他「發憤忘食，樂以忘憂，不知老之將至」的為學態度，以及他的學生顏回，「一簞食，一瓢飲，在陋巷。人不堪其憂，回也不改其樂。」用顏回傳孔子之道的例子，強調作為一個教育者，樂在其中是非常重要的。

其次，我會向新進老師們介紹致理，特別是從我任內開始實施的一些好的制度或做法，如前面說過的冷氣標語、專題講座、輔導課程、敬師活動等等，讓大家認識致理的各項優點，以及致理整體的組織氣候。

其三，接續對組織氣候的說明，把講演重心轉回新進教師，希望他們可以順利融入致理團隊，成為致理大家庭的一分子。我常常引用西方的名言：「機會經常降臨在熱心工作的人身上。」勉勵大家熱心工作。接著分享救國團輔導人員的金句：「以認真努力工作樹立好的形象，用優良的業績獲得長官與同事的肯定。」並告訴大家，優良的業績關鍵在「自我完成」——把份內該做的事情，做得盡善盡美，就是優良；每個人都做到「自我完成」，便可共創佳績。有時也會引用登月第一人尼爾・阿姆斯壯的名言：「我的一小步，是人類的一大步。」說明在「肯定小我」（不用「犧牲小我」）的同時，也能「完成大我」，以此來勉勵新進教師。

最後，我會分享我在教學與研究上的心得觀念，以協助新進教師。教學部分，包括前文提到的教學六字訣：「清楚、條理、生動」，以及評量六字訣：「清楚、記憶、應用」等等，希望新進教師追求良好的教學品質。研究部分，則提供自己在政大研究升等的經驗，鼓勵教師們積極研究，從最現實的角度來說，研究做得好，能提升薪資、名利雙收，又能協助學校增強整體學術能量，何樂而不為呢？

從民國九十五年到一百〇八年，尚世昌校長在致理主掌校政凡十三年，年年都邀請我為新進人員講話，在這十幾年的新進教師座談中，我歡迎一批又一批年輕的教師加入致理，而我卻是一年又一年的衰老；但，誰能逃離歲月的侵蝕呢？我衷心希望，我此生投入在教育界超過半世紀的經驗，能夠成為致理不斷成長茁壯的養分，那我就心滿意足了。

八十壽宴時與家人和致理同仁合影。右後為致理現任校長陳珠龍校長。

餐會時與致理現任董事長梁聖時董事長和內子合影。

八十壽宴時與家人和致理同仁們合影。

八十壽宴時與家人和致理同仁們合影。

致理五十週年校慶餐會時與家人和致理同仁合影。

壽宴時與致理同仁們合影。由左至右分別為：現任研發長林國榮教授、前主任秘書張立先生、現任謝金賢副校長、現任陳珠龍校長、尚世昌前校長。

米壽（八十八歲）時與家人和致理同仁們合影。

九十壽宴時與家人和致理同仁們合影。

第四章

壹 回顧過往，心滿意足

人生四大階段的最後，約莫從八十歲至八十五歲開始，我將它稱為「夜空星辰」階段。在這個階段，我們可以回顧自己的人生，將以往歲月中的經驗心得，以回憶錄的方式留存下來，可說是從「立功」、「立德」，到「立言」的總結，藉以讓後代子孫或社會有所參考砥礪，也因此誕生了今天這本書。

古人說「人生七十古來稀」，雖然現代科技進步，人類的平均壽命延長不少，但能走到夜空星辰階段，仍不容易。幸運的是，我的人生道路走得很長，今年（民國一百一十三年）已是九秩晉二。雖然視茫茫、髮蒼蒼、齒牙動搖、記憶力減退，但我的意志力仍很堅強，就如日落之後，夜空中的無數閃耀星辰。點點繁星，都承載著我努力奮鬥的痕跡，現在的我，細數著它們，往日情景一一浮現，我想我的確沒有浪擲生命，可以感到心安理得。

不僅如此，我於民國三十八年從福州渡海來臺，並陸續在新竹師專、政治大學完成學業之後，便依循一己志趣，投身教育事業，至今已逾七十年。由於自己認真奮發，持續提升專業素養，加上歷年來許多長官、貴人的關心與支持，使每一項職場工作都能圓滿達成，創造了不少值得自詡的業績；對學校、對社會有所貢獻的同時，也有許多無論有形或無形的良好正向回饋，在在為我帶來極大的歡喜與滿足。

因此，在這裡我想先擇要將這些過往的成果與回饋歷敘一番。

從前文〈日正當中〉到〈落日彩霞〉的內容可以知道，我在教育事業上的奉獻與業績，大抵可分三階段：金門中學、政治大學、致理商專（現致理科技大學）。

首先是民國四十九年五十四年，金門中學服務階段。金門地區自經大小戰事，受創嚴重。屋舍傾圮，師資匱乏，教育停滯。我於此時推動金門中學復校，給予一百五十餘名金門子弟專業教育訓練，成為優良教師，全部分發金門五鄉鎮，使金門教育正常化。同時規劃職業科，使金門中學作為完全中學，培育當地經濟人才，為地方做出貢獻。最後並規劃推動九年國民義務教育，讓金門成為當時全國九年國教最先成功推行的地區。甚至得到先總統蔣公於民國五十二年光復節親臨學校嘉許，並邀請參加民國五十三年的教師節餐會，席間又得蔣公欽點，做為金門教育界代表發言，報告成果。這件事情距今已正好一甲子，但六十年來，它仍時時在我內心縈繞，激盪著我，至今不曾稍減。畢竟我在三十出頭歲的年紀，能夠得到如此高度的正向回饋，千言萬語都不足以盡道我的感動與喜悅，而這份回饋，更激勵我日後對工作的投入。

其次是民國五十四年至民國八十三年，政治大學服務階段。我在政大服務共廿九年，期間最重要的是蒙四任校長肯定，聘請擔任總務長，前後凡十二年，規劃、建置了許多總務工作制度，並深入參與了政大在臺復校中期的發展。重要者如：推動薪資發放新制、校園建設、開拓後山等。其中與郵局合作的薪資發放制度，於民國六十八年實施之後，成效良好，進而通行全國。校園建設部分，至今仍有逾三分之一的建築，是我親自督建完成的。而開拓後山，使政治大學得到約八十公頃的山上校地，更令學校在往後數十年發展良好。這些工作成果，至今仍不斷地發揮效益，服務師生。我每每走經政大校園，看著過往篳路藍縷、辛勤建設的成果，依然感到非常地自豪與欣慰。而這二十餘年的服務，除了校長、同事的肯定外，也令我獲得了行政院所頒發的壹等服務獎章、貳等服務獎章，以及教育部所頒發的六藝獎章

行政院貳等服務獎章

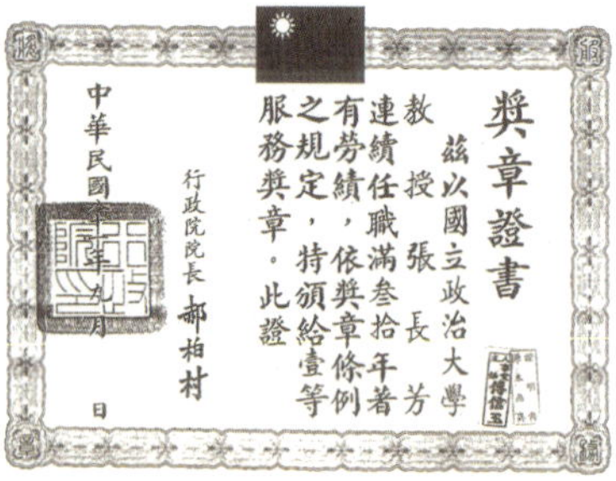

獎章證書

茲以國立政治大學
教授張長芳
連續任職滿叁拾年著
有勞績，依獎章條例
之規定，特頒給壹等
服務獎章。此證

行政院院長 郝柏村

中華民國 年 月 日

行政院壹等服務獎章與證書

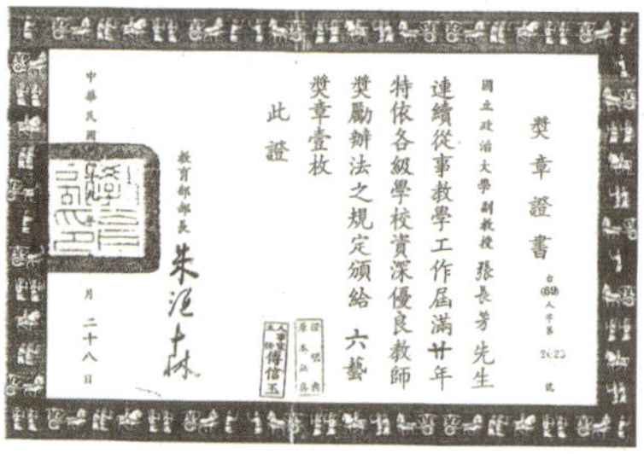

獎章證書

國立政治大學副教授張長芳先生
連續從事教學工作屆滿廿年
特依各級學校資深優良教師
獎勵辦法之規定頒給六藝
獎章壹枚
此證

教育部部長 朱匯森

中華民國 月二十八日

教育部六藝獎章與證書

等殊榮。另外，也曾獲國民黨部頒發華夏獎章之肯定。

最後便是民國八十三年至今，於致理科技大學的服務階段。我從民國八十三年受梁秉權董事長之邀，主掌致理商專校務近八年。期間不論從教學、研究、行政、推廣等面向，全面投入、推動各項措施，使致理煥然一新，成為全國聲譽良好的私立商科學校。我在上任校長之初，先是掌握組織氣候，以期全面了解學校。其後整修老舊校舍，於八十四年至八十九年間按期完工，遭遇九二一大地震而能完好無損，令人安心。其次推動敬師愛校、愛學生風氣，通過校長親致聘書、學生敬師活動等，營造溫馨校園，且得以在相關校園評鑑或競賽中得獎，甚至結合招生業務，擴大效益。其三推動講座課程制度，使師生與產、官界建立緊密關係，成為當今產官學界合作典範。此外還有許多的措施，例如開風氣之先的生涯規劃輔導課程、規定教職員工薪資福利比照公立大學、成功使致理升格為技術學院等。凡此種種措施，亦皆有好的回饋，除了得到主管機關、董事會、教師與學生，甚至其他學校的肯定外，我也非常的滿意。最終獲得了中華民國私立教育事業協會至善獎章的肯定。

華夏獎章

私立教育事業協會至善獎章

民國九十一年卸任致理校長後，又蒙梁董事長等邀請，擔任致理駐校董事，至今已超過二十年，在這段期間，我主要通過校務諮詢與教師輔導，用自身經驗協助致理的經營與發展，並不斷參與、見證致理的成長。最終，在致理服務近三十年後，於九十歲時，獲頒全國私校教育中的最高殊榮：「弘道獎」。能得到這個獎座，除了自身的盡心盡力外，也要感謝致理科技大學董事會與全體教職員生數十年來給予我的愛護與支持。

總而言之，我的一生經歷了不少磨難與奮鬥過程。年輕時便投身教育界，為人師表，後來更參與大量行政工作，以至於領導一間學校，最終能在人生這一課，交出令自己滿意的答卷。回顧七十年來，在教育界服務的經歷與成果，著實令我感到無比的歡喜、滿足。此外，還有感恩，感恩所有的緣分，無論是父母、兄姊、師長、學生、同儕、妻女、親友及部屬等，造就了我多姿多彩的人生，點綴了最後的篇章，讓璀璨繁星在夜空中閃耀。

民國一〇九年獲頒弘道獎，與前教育部長吳清基部長合影。

民國一〇九年獲頒弘道獎，與教育部常務次長林騰蛟次長合影。

民國一〇九年獲頒弘道獎，與頒獎人和其他受獎人合影。右三至右五分別為教育部林騰蛟常務次長、前教育部長吳清基部長、時任中華民國私立教育事業協會理事長唐彥博理事長。

獎章證書

(109)博字第 109092830 號

張長芳董　事 獻身教育服務

績優當選本會第 34 屆全國傑出

教師特頒弘道獎

用示表彰

中華民國私立教育事業協會 理事長 唐彥博

中華民國 109 年 9 月 28 日

弘道獎證書

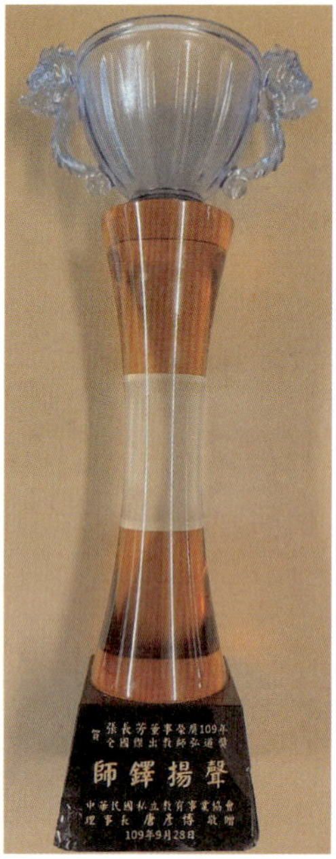

弘道獎獎座

貳　生命體悟，省思總結

最後，我在回顧過去數十年的歲月時，除了感到歡喜、滿足和感恩之外，因為經歷的事情不少，加上曾經聽聞許多前賢、高人的智慧言行，所以也有一些生命體悟，願意在此與讀者分享。特別是在個人特質、德行修為與生活態度如何影響人生的部分。

因此，在這裡我還想結合我的人生經驗與見聞，略談一些心得省思，以作為總結，對未來的人們或許多少有所裨益吧！

一　專業素養與德行修為

我一向認為，熱心工作、不畏困難，並持續積累、提升專業素養，是一種良好的個人特質，也是我們能在社會當中發揮價值的基本態度。回顧過去七十年來，我能夠得到種種好的回饋，不啻說明了自己在工作上的熱心盡力，並從而得到許多師長、貴人們的襄助支持，甚至於總統的嘉勉。我想，「機會經常降臨在熱心工作者身上」這句名言，正是我人生實踐的寫照。

與此同時，如果我們嚮往成功、追求卓越，那麼除了專業素養之外，德行修為也非常重要。德行修為造詣高的人，容易獲得成功，特別在情緒管理上——心理學列有人類三大情緒：憤怒、懼怕、親愛——修養造詣高的人，懂得收斂憤怒、懼怕，而將他的親愛情緒最大化。我曾到浙江參訪曾由當代高曾圓瑛大師主持之禪寺，裡頭展示了一對聯語：「靜坐常思己過，閒談莫論人非。」讓我特別有感觸——因為談論是非就背離了親愛的情緒。同時，不輕易談論是非，也能使我們在公私生活中，擁有和諧的人際關係，除了使自己的生活和平安樂之外，也能對工作帶來更多的益處。然而，我們又應如何收斂憤怒、懼怕，並最大化親愛情緒呢？我認為有幾位人物的言行值得參考學習。

第一位是草書大師于右任先生，他晚年曾寫有一幅對聯：「當盛怒時，忍耐須臾，省卻無邊煩惱；遇極難事，靜思片刻，此中自有權衡」，如此修為準則對我產生深刻的影響。二十多年前，教育部多位督學到致理校園視察，有人善意建議，有人吹毛求疵，甚至拿圖書館地下室防撞條的大小來批評。遇此狀況，身為校長的我，便運用于右任先生的修為準則與「小處不可隨便」[註九]軼聞，化解當時的尷尬氣氛。

第二位是慈濟證嚴上人，他能將憤怒、懼怕全部收起，全部發揮親愛精神。證嚴法師提倡三普精神，即「普天之下沒有我不愛的人、沒有我不信任的人、沒有我不原諒的人」，見過他的人都曉得，證嚴上人的素養專業、氣度威嚴，讓眾人自然受其影響感化。

第三位是法鼓山的聖嚴法師，他曾經留學日本，是中國第一位博士比丘，專業素養和德行修養俱佳。他曾有兩句名言，即「慈悲沒有敵人」和「智慧減少煩惱」，這兩句話也對我們的修為有極大助益。

第四位是中臺禪寺的惟覺老和尚。他晚年的四句金句：「對上以敬，對下以慈，對人以和，對事以真」，說得極好，我認為這四句話是生活教育的箴言，更是職場工作的至理。

最後一位是佛光山的星雲大師。他倡導三好、四給、五和的修行概念。三好即存好心、說好話、做好事；四給即給人信心、給人歡喜、給人希望、給人方便；五和即自我和悅、家庭和順、人我和敬、社會和諧、世界和平。其中「四給」便是拋開恐懼、憤怒，純然表現親愛的智慧。

以上略舉諸人的名言事例，都在在告訴我們如何收斂憤怒、恐懼之負面情緒，並強化親愛之正向意念能量。這些德行修為的智慧非常值得參考，我也時時銘記於心，並嘗試實踐、運用於生活和職場之中。

總的來說，一個人若能同時具備良好的德行修為與專業素養，那麼他將自然形成一種威儀，對周圍的人產生影響，讓他人欣賞、崇拜、信任，乃至於追隨。孟子所說「浩然之氣」要「集義所生」，便是這個道理。此外，我近年來特別喜歡研究的《鬼谷子》當中所謂「散勢」的概念，也是如此。鬼谷子說：「散勢者，神之使也。用之，必循間而動。威肅內盛，推間而行之，則勢散。」即以個人的精神修為為基礎，讓自己的內在威儀能夠向外散發。如此一來，在日常生活、職場工作中，都能得到尊敬、信任。在人際關係和諧的同時，工作也能夠圓滿完成，最終得以臻至追求卓越與成功的目標。

二　健康身體與愉快心情

一個圓滿美好的人生，最最不可或缺的，其實是擁有健康的身體和愉快的心情，我想這是所有人都

註九　六十餘年以前，于右任先生擔任監察院長，有一則知名故事。有一次某退除役官兵工友，向于院長求了一幅字帖，目的是為解決監察院路口轉角有人時常便溺的問題，字帖寫著「不可隨處小便」，並請于右任院長簽字，計劃貼於一旁提醒用路人。但于院長之後發現這幅字帖被工友重組成「小處不可隨便」，貼於自己房間牆上。于院長對此大為驚訝，並感佩這名工友的巧思與自我修養工夫。我藉此故事軼聞輕鬆督學的視察氛圍，並對督學細微處的批評意見表達感謝。

會同意的；而在這數十年的人生中，我也盡力地保持自己身心的健康愉悅，至今如是。最後便談談我在這方面的經驗與心得。

首先，美國思想家愛默生曾說：「健康是人生第一財富。」而健康的身體，來自於飲食和鍛鍊。我一生當中，除了沒有什麼不良嗜好、飲食正常之外，從很年輕的時候就非常喜歡運動。在福州上學時，擁有一顆籃球是我內心的小小願望。後來到了臺灣，住在懷寧街，隔鄰的新公園有規劃網球場，便心生嚮往。直到民國五十四年，回到政大服務後，才開始與同事、朋友們一起打網球，這一打便數十年，參加過無數次的教職員網球賽，也曾經得過幾面獎牌。包括民國六十四年與楊極東教授合作，於政大校慶網球賽榮獲冠軍；民國七十四年和焦祖謙教授搭檔，於全國教職員運動會中擊敗成大，拿到雙打冠軍；民國七十五年，則和閻沁恆教授搭檔，在臺東比賽，又拿了一次雙打冠軍（並列）等。

網球運動除了讓我擁有靈活、健康的身體之外，也結交了許多球友，豐富了我的生活。我也因此特別注意運動與養生資訊，自己實踐的同時，也會介紹給親友學生。我對網球運動的積極參與直到八十歲之後才稍歇，現在的我已經九十二歲，仍時常出外散步、活動，保持良好的身體狀況，才能在夜空星辰階段，完成這樣一個「立言」的任務。

其次，心情的愉快，則與前面所說德行修為有關，要最大化親愛的情緒，並收斂憤怒和恐懼。換句話說，即秉持正向的態度。特別在退休之後，沒有案牘之勞，更應該保持心靈的清靜，凡事往好處看，不要庸人自擾。雖然俗話說「人生不如意事十之八九」，但我們可以「常想一二」，這是企業家張忠謀和作家林清玄都曾提過的智慧名言。此外，前些年我曾讀到一位美國的心理學家的說法也很好。這位學者叫做大衛・R・霍金斯博士，他認為人的意識其實是一種能量，且有正、負面之分，前者如關愛、感

參加大專校院教職員工網球錦標賽時所攝。

參加大專校院教職員工網球錦標賽時所攝。

一〇二年度大專校院教職員工網球錦標賽與李鑑芸組長搭檔，獲得首長組雙打冠軍。

參加一〇三年度大專校院教職員工網球錦標賽合影。

恩、給予等，後者如冷漠、批評、攻擊等；意識能量決定了生命的品質，正能量愈強，獲得的快樂也就愈多。我很認同大衛博士的說法，並盡量地讓我的心靈充滿正能量。

總而言之，通過飲食、運動、提升德行修為，並積累正能量，讓我保持健康的身體與愉快的心情，直到現在。不過，前面說了那麼多例子，其實影響我最深的，是國民黨大老、前總統府秘書長張群先生的〈長壽歌〉，數十年來，我熟記於心，並日日實踐，讓我直至年逾九旬，仍然精神抖擻、自在舒心。最後，我便在此將其轉送給各位，希望各位都能和我一樣，擁有充實美好、健康愉快的幸福人生。

〈長壽歌〉

起得早，睡得好。七分飽，常跑跑。

多笑笑，莫煩惱。天天忙，永不老。

附編

壹 如何進一步了解個人特質

致理科技大學名人講座
時間：二〇二〇年一月三日
地點：致理科技大學綜合教學大樓表演廳

尚世昌講座教授、李祖英董事、各位老師、各位同學，今天看到大家這麼健康、這麼有活力，我真的很高興。其實尚講座邀請我來給各位講個專題，我一直拒絕。我說，我只能做候補，他說為什麼要做候補呢？我說，因為我今年已經八十八歲了，視茫茫、髮蒼蒼、齒牙動搖，記憶力減退，要想做個專題講演，可能不容易。但是，因為自己對健康還維護得不錯，所以今天還能夠在這個地方給各位談談。

二〇二〇年一月三日演講前與李祖英董事、尚世昌前校長在綜合教學大樓門口合影。

各位瞭解，我們每一個人生在這個世界上，不能不吃人間煙火。你要想吃人間煙火，就得找一個職業，執行個任務。因為有一個職業，有個任務的執行，就有待遇、報酬。所以我們每一位同學，在學校裡面得到很多專業的素養，你專業越好，將來工作的時候，待遇越豐富。如果待遇越豐富，我們的生活就過得比較舒適。各位專業素養很好，將來畢業之後，可以選擇進入企業上班，也可以選擇自己創業。進入企業，從基本的工作做起，經過了一兩年，因為各位專業素養好，老闆可能便邀請你做單位主管，那麼就得指揮若干人。如果自己創業，也得挑選若干志同道合的員工。無論如何，只要進入職場，我們都得與其他人一起工作，這時，工作的效益就與每個成員的特質密切相關。但是，我們容易瞭解人的外表、學經歷資訊，卻不容易瞭解內在。到底這個人聰明不聰明、能力如何、性格如何？並不容易瞭解，但瞭解這件事情非常重要。所以，我今天來跟各位分享的題目，就是「如何進一步瞭解個人的特質」。

首先，我想先跟各位提一句話，就是：「天時不如地利，地利不如人和。」這句話裡頭，說明人和最重要。在企業管理上說，一個人的力量加一個人的力量，不一定等於兩個人的力量。為什麼？要看這兩個人是不是合作無間，是不是大家都願意奉獻心力。有可能一個人力量加一個人力量，等於一・二或一・三；如果對方不合作，可能一加一等於〇・八，都是有可能的。所以在整個社會系統當中，我個人也認為人和最重要。人與人之間能夠和平相處，能夠分工合作，才能讓單位組織乃至於社會順利有效運作。因此，對人的瞭解，是重要且必須的。那麼我們究竟如何瞭解每一個人的內涵特質呢？是否有一些方法跟技巧呢？這就是我今天要談的。

依據現代科學提供我們的觀念，凡是存在的事物，必然都有數量。只要有數量，我們都可以想辦法加以測量。而因為這一兩百年來專家學者的努力，我們許多的測量方法和工具，在信度和效度上都有相當的提升，其中，我們開發出了一些測驗，作為瞭解人格特質的工具。

先談智力測驗，智力測驗是指什麼呢？智力測驗就是看一個人的聰明才智。聰明才智包括哪些能力呢？即：學習能力、記憶能力、推理能力、適應能力。——其實不止四種，因為一個人的聰明才智，其實是很多能力的綜合體，是一個多角形的，這裡只舉四種。

學習能力好的人，學得快、學得多。記憶能力好的人，記得久，忘得少。推理能力好的人，能夠舉一反三、觸類旁通。最後是適應能力，一般來說，我們若進入某一團體，可以跟其他人打成一片，就適應得很好。同時，如果該團體中有某些合理的規定，我們卻拒絕遵守，那就是適應得不好。假定某公司規定說，在工廠裡面不准抽煙，你卻說我非抽不可，那就是不能適應。簡言之，適應能力，就是個人與團體之間能夠保持一種平衡狀態，平衡就是適應能力。

四十五年前，各位同學還沒有出生，我在政治大學當教授，校長要我去辦推廣教育，就到位於金華街的政大公企中心。當時我創辦了兩個班，第一個班叫做企業經營人員進修班，第二個班就是企業經營人員研究班。這些班的學員，都是企業界人士，有做了經理的，也有想做經理的人來受訓，我就問他們一個問題：「你現在當了經理了，你想要聰明一點的員工還是笨一點的呢？」我得到的答案並不一致，有些人說：「不要太聰明，要比我差一點。」我說：「員工不能比老闆聰明嗎？」「對，要差一點。」有人說：「聰明很好，但要聽我指揮。」

那麼究竟什麼叫做聰明呢？我們現在比較熟悉的標準就是所謂的智商——智力的商數。智力測驗主要就是為了測得智商。有了這個智商，我們就可以比較客觀的評估人聰明與否。今天世界上很多不同膚色的人種，不管是白種人、黃種人、黑種人或其他膚色的人，根據研究可知，他們的智力都是一樣常態分配的，沒有任何一個種族可以說他們自己比較優秀。各種人種中，都有聰明的，有愚笨的。按照目前的統計數據來看，人類的平均智商大概介於九十到一百一十之間，低一點的，七十到九十的，就比較笨一點，如果是一百一十到一百三十的，則比較聰明。總而言之，分數越高的越聰明，分數越低的越笨。

為了讓大家輕鬆一點，這裡我就舉幾個智力測驗題目給大家來試試看。但要先說，這個智力測驗題本原則上是不能夠公開，公開以後呢，它就沒有價值了，大家都會做了，也違反我們學術的倫理。三十幾年前，臺北有一所幼稚園，他們進來的時候要測驗智力。結果，那一所幼稚園的智力題本不知為何公開了，很多家長都把它買來叫小孩讀。後來測驗結果一出來，園方就宣布：今年錄取的幼稚園學生都是天才。不得了，智力都在一百五十以上。但是，教學一學期下來，卻發現他們表現平平。學校立刻個別談話，問學生說：「當時你做這個測驗的時候，為什麼做得那麼好，是誰教你的呢？」學生說：「媽媽教我的呀，我在那練習很久呢」。原來，事先練習好了，就看不出來你是不是天才。所以，我現在要給各位做的，只能是過去曾經做過的測驗中的其中幾題。

第一個是八塊金幣的題目，以往是給十三歲的國中一年級學生測的題目。題目是這樣說的：現在有八塊金幣，其中有一塊是用銅做的假金幣，重量較真金幣為輕，但外表都一樣。如果用一個天平，並只能秤兩次的情況下，如何將這一塊假金幣找出來？大家可以現場思考一下。

如果根據簡單直線的思維，八塊金幣先分四塊、四塊上秤，較輕的一邊再分兩塊、兩塊秤，一共秤三次便可解決，但題目規定只能秤兩次，怎麼做呢？就是任取三塊、三塊上秤，如果在天平上是平衡的，那剩下那兩塊一定有一塊是假的，再將那兩塊秤一次就可得知。如果有一邊三塊較輕的，那於其中任取兩塊再秤一次亦可解決。

第二個是預測樹木成長高度的題目，以往是給十五歲的學生做的。現在我們種了一棵樹，第一年長到八英寸高，第二年長到十二英寸，第三年十八英寸，第四年廿七英寸，根據前面四年的成長規律，請預測第五年這棵樹會長到幾英寸高？這是一個封閉的數學推理題目，不計天災人禍等等其他狀況下，可以得到兩個正確答案。也請大家試著思考一下。

解答這個題目有兩種思考方式，分別是：（1）每年成長的高度都是前一年高度的二分之一，因此第五年會成長為27/2+27=13.5+27=40.5。答案是四十・五英寸。（2）每年成長的高度呈現等差級數增加，從第二年到第四年分別成長了四、六、九英寸，那麼第五年應該成長十三英寸，27+13=40，答案是四十英寸。這兩種解法都是合邏輯的。

第三個是十袋百元金幣的題目，是給十八歲的學生做的。題目說現在有十袋百元金幣，每袋裡面都有十塊金幣，總共一百塊金幣。而每一塊金幣都是一兩重，換句話說，如果都是真的，這十袋金幣，總共一百兩，但是其中有一袋是假的，不到一兩，一塊金幣只有九錢，這一袋只有九兩，十袋總共是九十九兩。如果用一個磅秤，只能秤一次的話，如何將這假的一袋金幣找出來？

這題難度比較高，三十年前大陸高考的時候，有一位十八歲的學生答出來。他說這很容易，先將十袋金幣編號，一二三四五六七八九十，第一袋拿一塊，第二袋拿兩塊，第三袋拿三塊，第四袋拿四塊，以此類推，十袋裡面一共拿多少？拿五十五塊。大家都知道，1+2+3……+9+10=55，五十五塊全部上秤一秤，就可知道哪一袋是假的，原理是根據重量的差額來看，如果第一袋是假的，重量會是五十四・九兩，如果第二袋是假的，會是五十四・八兩，以此類推。

以上是舉幾個給十八歲以下的青少年做的題目，不曉得各位同學剛剛有沒有想出解答。事實上智力測驗通常只做到十八歲，成年之後不適用這些題目，那麼，成年人的智力怎麼測呢？這裡舉兩個例子。

首先是記憶力的題目，先給各位十二個不規則的圖形，用一分鐘時間記起來，一分鐘之後看能記幾個圖形，並把它畫出來，如果能畫六個圖形，就表示記憶力還不錯，如果能畫到六到九個圖形，就表示記憶力比較強，如果能畫到九到十二個，那記憶力便超越了大部分的人。

第二個是圖形推理的題目，先給各位六張正方形的紙，分別依對角線對折一到六次，折完以後剪下它中間一角，則紙張中間會出現一個洞，這個題目請大家通過推理，思考紙張展開之後，其剪出的洞會有幾個，並呈現怎樣的分布？通常折三、四次之前，大家多半都能推測出來，但折到五、六次就比較困難了。如果同學們都推測得出來，表示你在推理這方面的能力相當卓越。

以上是智力測驗的部分，接下來我們談性向測驗。性向測驗是與我們今天談的主題更為相關的部分。在這裡要先說明，性向測驗與性格測驗其實是有所不同的，不過一般我們都習慣將性格包含在性向裏頭，而性向也可以說就是人格的表現，人格裡面包括性格也包括其他的內涵。比如說有的人期望兼善天下，有的人追求獨善其身，有的人擇善固執，有的人隨波逐流，有的人防衛心很強，有的人平易近人。可見大家的人格特質都不一樣。

那麼究竟什麼是性格呢？性格是指人的一貫性的心理特徵、思維和行為的方式，對自己或者對別人對事物的一種心理傾向。除了前面說的，好像大公無私、勤勞、勇敢、自私、懶惰、沉默、軟弱、率直等等，都反映出自己的性格的特色。性格一般沒有好壞，但可以分類，有一種分類是根據血型來分。例如說A型的人擅長配合別人，習慣思慮後再行動。B型的人是不喜歡沉默，也不要獨處，他樂於參加各種活動。O型的人擇善固執，自尊心很強，以此類推。說不同血型的人可能有這些趨向，這也是根據許

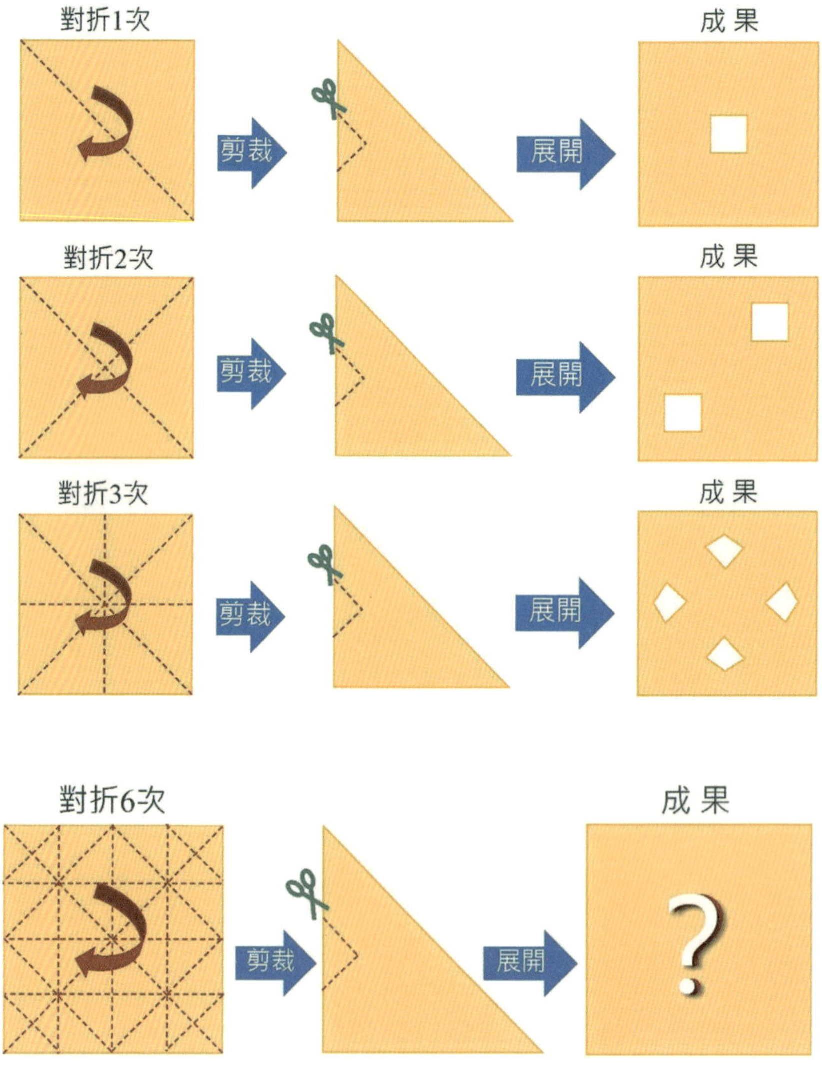
對折1次
剪裁
展開
成果
對折2次
剪裁
展開
成果
對折3次
剪裁
展開
成果
對折6次
剪裁
展開
成果
?

多信效度高的調查研究成果統計而成的，我們可以參考。

那麼性格對我們在職場工作中的影響為何呢？我說個故事給大家參考。

有一家企業，它採中央集權制，所有的事情都是總經理負責，結果他忙得不得了，事情都辦不完，因此很多人建議他找個助手。他想想覺得有理，就請人事單位找一個助手，人事單位就問總經理說：「助手有兩種，一種是女秘書，一種是行政助理，要找哪一個好？」這個經理說：「找女秘書好了」，那個人事單位說：「找女秘書有什麼條件呢？」「年齡不要太大，儀表要端莊美麗，學經歷與專業素養要好，待遇高一點沒有關係。」以現在來講，做個女秘書大概是五萬塊錢，總經理說可以給到八萬塊錢。」公告出去，好多人都來應徵，人事單位左挑右選，最終決定三個不相上下，給總經理選擇。

總經理也無法決定，便請了一個心理學家來協助，心理學家說：「秘書跟你每天在一起處理公務，必須相互配合，性格很重要，我們用一個情境測試，看看哪一種性格跟你合得來。」他們就把總經理辦公桌右邊擺了一部電話，電話線纏在賓客的椅腳上，輕輕一拉椅子，電話就會掉下來，請三位應徵者分別前來，以此來觀察他們的反應。

隔天，第一位應徵者進到總經理辦公室，見總經理低頭辦公，便喊了一聲，總經理一抬頭，便說：「請坐」，這位應徵者便將椅子拉開，而電話果然摔了下去。她嚇了一跳，但仍很鎮靜，一看電話摔壞了，便說：「總經理，很對不起，我不小心在拉椅子的時候把電話拉下來，電話已經壞了，我賠你，你看看多少錢，就在我薪水裡面扣。」可見這位應徵者很聰明，她這樣講的意思，就是總經理如果怨我的話，也不過扣個一兩千塊薪水，如果不怨我的話，甚至一毛也扣不到啊。總之談了一下就讓她出去了。

接著第二位應徵者進來了，也是同樣的模式，電話摔了，第二個也說：「總經理，很對不起，我不小心將電話摔壞了。」不過，她又謹慎地檢查了一下，發現原來電話線是纏在椅腿上的，這位應徵者就說：「總經理，我發現這個電話線是綁在椅腿上的，好像是一個惡作劇吧！這樣不對啊。」準備講總經理一頓。總經理也只能忍受一番，再請她出去。

到了第三個應徵者，也是一樣，電話摔了，也很有禮貌地道歉，同時也很小心地檢查。最後補了一句：「總經理，我現在發現，您真的少了個秘書，如果有秘書的話，電話線怎麼牽，椅子怎麼擺，都會很妥當呢！」最後，便找心理學家來分析一下這三位的性格，跟總經理能夠磨合。從測試中可以看到，第一位有點小聰明，第二位則是很直爽，一見到不對就直接指出來，第三位則較婉轉。

最後總經理便採用第三位應徵者，因他認為這樣婉轉的性格，能夠與他磨合得較好，共事的時候比較和諧。由此可見我們人的性格對工作是有不少影響的，各位同學從性向測驗當中可以更多的瞭解自己的性格，也可以培養對自己有利的人格特質，在未來的職場生活中，可以有更好的機會與表現。

最後，我要談所謂的「創造性測驗」。創造性也是一種人格特質，它讓人有創造力、有更多的發展和表現。在當今的企業中也談得很多，國際性的經濟論壇都在討論如何創新，創新的話，企業經營才會有盈餘，才能夠有發展。這是新時代的潮流，也是促進進步的原動力。

不過，所謂創新，不只是發明。所謂發明，是純粹的新意，但除了新意之外，在效率、經濟、方便各方面的進步提升，也是一種創新。所以像今天的專利法，縱然不是發明，只是新造型，一樣可以申請專利。畢竟不可能都是發明，只要是新的東西，不管可以增加效率，或是使用上更方便，或者更加經濟有效，都是創新。今天我們每位同學在學校裡學了很多專業知識，都具備有專業的素養，畢業進入職場以後，一定要想辦法創新，不能永遠只沿用老舊的知識。

我先舉一個例子說明，就是知名企業家陳五福先生的例子。陳先生是我三十年前的朋友，他在美國創業，後來寫了一本書，說從零到一百億應該怎麼做。簡單來說他找了一所大學研究所的老師，提供研究獎學金，請研究所的老師帶領研究生做研究發展，如果有成效，把專利交給他，得到商業利益可以七三分。因為他這樣做，三十幾年來申請了很多專利。他有兩種做法，第一種做法，就把這個專利賣給其他的企業主，讓他們去生產，賣得美金一百萬的話，便將三十萬給研究單位，自己拿七十萬。第二種作法是自己生產，那就要投資，把產品生產出來，然後向市場行銷，看獲利多少，再分百分之三十的利潤給研究單位。無論如何，陳五福先生通過這種創新的建立產學合作管道的方式，得到了很多財富，可見創新的重要性。

接著我再舉一個例子，各位可能瞭解會更深一點。四十七年前，民國六十一年，中國鋼鐵公司成立，需要很多員工，就委託政大幫忙做這個事，因為當時我在政大服務，校長就把這個責任交給我。

當時中鋼要找的員工有各種類別，有的是在生產線上的，有的是在行銷部門的，有的是人事管理的，有的是研究發展的。很多大專院校的畢業生都來報名，經過我們挑選，合適者再舉行筆試和面試，以後就把錄取的名單交給中鋼，中鋼就可以進用這些人才。其中他的研發單位，一共要找七位員工。我們初選二十人來面談，分為三組。我負責其中一組。我們問了各個應徵者「為何想到中鋼來？」有的人說中鋼是新成立的公司，且是國營的，比較穩定；有人說他原來的工作待遇太低，希望能有新的機會諸如此類。然而，因為要找的是研究人員，這些近於閒談的內容其實都沒有什麼意義。

後來，我靈機一動，看到桌子上有一個玻璃杯，我就問應徵者說：「請說出這個玻璃杯的可能用途，越多越好。」大部分的應徵者，都只講它裝液體、固體等東西的功能，就是傳統的思維，只有少數一兩位不一樣，說可以做裝飾品，甚至必要的時候可以當武器。可見這一兩位的思維比較靈活，我認為這樣的人如果能參加研發工作，對中鋼一定有幫助，最後就據此錄取了若干人。這個玻璃杯的問題，事實上也就是創造性測驗的一種形式。舉這個例子跟大家分享，就是再次強調創新的重要性。

今天簡單的給各位介紹三種測驗：智力測驗、性格測驗、創造性測驗，希望幫助大家多了解一些認識人格特質內涵的方法和觀念，從而在日常生活中，或是未來進入職場，與同事或員工相處，乃至於尋求創業團隊時，在工作的表現與事業的成長各方面，都能夠因此而有所助益。那麼現在我就講到這裡，告一個段落，謝謝各位。

貳

談思想三要與推理

致理科技大學名人講座
時間：二〇二〇年十二月廿五日
地點：致理科技大學綜合教學大樓表演廳

尚世昌講座教授、李祖英董事，各位老師，各位同學，今天承蒙尚講座邀請，由我來給大家談一談這個題目。前面尚講座給我做了很多介紹，很稱讚我，其實，我們致理科大能夠有今天這麼好的榮譽，都是尚講座擔任我們致理科大校長十三年來，與各位同學共同努力，才有這麼好的成果。所以今天要我為各位來談一談，我也滿高興的。尤其是看到各位這麼年輕，這麼健康，這麼有活力，真的，我非常高興。我想我自己現

二〇二〇年十二月廿五日演講前與李祖英董事（左一）、尚世昌前校長（右二）、女兒裕惠（右一）在綜合教學大樓門口合影。

在已經八十九歲，再過兩天就九十歲，已經髮蒼蒼，視茫茫，牙齒動搖，記憶力減退，已經沒有當年有那麼好的體力，那麼大的活力，來講很多課程。所以尚教授很體諒我，特別擺個椅子，如果站得太累的話，可以坐下來講。我想我試試看我的體力，如果好的話就不必坐下來。

今天的主題是與思考和邏輯有關的，為什麼講這個呢？因為五十五年前我在政大當教授的時候，長期開設的三門課中，其中一門便和這個主題有關，所以比較熟悉，有許多的經驗與心得，今天拿來跟大家分享。

今天的標題叫做思想三要與推理。為什麼訂這麼一個標題呢？因為我們世上的每一個人，成年以後都得找一份工作，有一份工作，才能夠有報酬，有了報酬才可以過我們想要的生活。其中如果你有較好的專業素養，你所得到的報酬就比較多，生活過得就比較舒服。然而於此同時，若要想在職場上有好表現，除了專業之外，最重要的，我們的心意、想法、思維，能否正確地表達出來，不管是用語言還是文字，像是要寫個計畫，或推動一個活動，又或者加強人際關係，正確的表達都很重要，所以今天這個題目，我希望給各位有一點幫助。

在這個題目裡面分成兩個部分，一是思想三要，一是推理。我預計先用三分之一的時間來談思想三要，另外多花一點時間，用三分之二的時間來談推理。

首先，什麼是思想三要？一、符合事實；二、辨別同異；三、眾端參觀。這三個準則，是我們在進行思想創造，以及表達心意的時候，所應該堅守的三個基本要求。

各位同學從出生到現在大約二十年，曾接受父母、長輩、老師的教導，對這個世界有一定的瞭解，然而，就認知領域來看，仍有許多不足。我們致理的同學們在商業方面，慢慢地提升專業素養，畢業之後成為專業人才；但是，在工業方面、農業方面、醫學方面，我們較少接觸。因此，許多的事物，在認知上要符合事實並不容易。例如我先問大家一個問題：鯨魚是魚類嗎？

若以平常我們的常識來看，鯨魚像魚一樣，也在海水裡面生活，那應該是魚類吧。但是，根據動物學方面的分類，鯨魚不是魚類，而是哺乳類。因為哺乳類的其中一個標準，是胎生，魚類則是卵生的。然而，鯨魚是胎生，而非卵生的，所以把鯨魚就歸類為哺乳類。所以說，因為專業素養的落差，時常導致認知與事實之間的偏誤。但是，符合事實是非常基本的原則，因此我們要盡量擴大自己的認知領域，或是知道如何判斷與接受專業意見，才不會因自己的認知有限而產生謬誤。

第二個談辨別同異，世界上有許多事物，我們要多觀察，確實瞭解相同或相異。不過所謂同異是相對的，要看標準。除非自己跟自己相比，那是絕對的相同，跟其他相比都是相對。從同者觀之無所不同，從異者觀之無所不異。例如各位現在手邊都有支原子筆，都有本筆記簿。那麼原子筆跟筆記簿相同不相同呢？當然不相同。筆是筆，筆記簿是筆記簿。那我說它同可不可？那就要改變標準。從「物」的標準看，不管是筆也好、筆記簿也好、桌子也好、麥克風也好，都是物。因此，同樣的標準很重要。我們可以想一想，同異之間究竟如何區別。

假設有某品牌的同型號兩支原子筆：甲原子筆跟某乙原子筆，它們就是相同的嗎？事實上從空間地位看，它們占的空間仍然不一樣。從出廠時間看，也不一樣一個，無論如何都有早晚的差別。所以我們在區分同異的時候，同一標準和觀點就很重要，否則會造成混亂。

此外，在此也介紹兩個名詞給各位：同義概念與歧義概念。我們要曉得，任何一個事物，只要我們給它一個名稱，該名稱就代表這個事物的內涵。如果有兩個以上的名稱表達同一個事物內涵的時候，就是同義概念。比如說我們人出生之後，父母給我們一個乳名，但同時也有正式的名稱，例如美華的乳名叫小華，那麼父母無論用哪個名字叫她，指涉的都是同一個人，這就叫同義概念。歧義概念則相反，同一個名稱可以指涉不同的意思。例如我們說某人「吃醋」，可以是真的在喝醋，也可以是影射嫉妒之意，這就叫做歧義概念。許多笑話都是運用歧義概念寫成的趣事。因為有了同義概念和歧義概念，我們在和人溝通時就非常需要注意，才能正確的理解和表達。

第三個，我們談眾端參觀。什麼是端？端是頭的意思，是一個開始。要從很多頭、很多地方開始，也就是說要「多方面」的來瞭解、觀察、判斷，不能瞎子摸象。對事物的全貌瞭解比較清楚，所下的判斷也就比較周延。

總而言之，符合事實、辨別同異、眾端參觀，是我們在表達思想時，必須遵守的規定。如果我們專業素養不夠，就要不斷的擴大認知領域，才能符合事實。辨別同異的時候，一定要以某一個標準為基礎。最後眾端參觀告訴我們，很多事情要看多方面的，不要只看一方面的。如果能夠遵守這些規定，我們表達的思想一定是正確的。但是，做不做得到，那要靠我們共同來努力，在這邊是給同學們這樣的觀念。

補充說明一下，這思想三要是誰講的呢？就是陳大齊（百年）教授。他是理則學的專家，對人性的研究也非常地周到。我在這一定要提他，因為他是政治大學在台復校的第一任校長。那時我正在政大讀書，陳校長曾經找我做他的研究助理，除了支援我的生活之外，對我在理哲學、哲學方面的素養提升有很多的教導，所以要做個說明。

接下來我們便來談推理。什麼叫做推理？就是將原命題中隱含的意義顯露出來，這叫推理。那什麼叫做命題？命題簡單的說就是一句話。完整的一句話裡面有主詞、有繫詞、有謂詞等等。我們把一句話裡面的隱藏意義顯露出來，這就是推理。我簡單舉個例子，例如我講一句話：「我敬愛李老師。」是單純的表達敬愛之意，但如果說「我不是不敬愛李老師」或「不敬愛李老師的不是我」，雖然語句裡面的元素使得句子表層的意義都與「我敬愛李老師」一致，但因為語序或詞彙的調換，就使得後面兩句有了隱含的意義，就是我們常說的「話中有話」。理解這個隱含的意義，就是一種推理能力。

此外，推理又有分直接推理和間接推理。先看直接推理，剛剛我們舉的例子就是直接推理，他不靠第三者的概念做媒介的，直接推出新命題的，都叫做直接推理。

因為中詞M都有擔任主謂格的任務，依據排列組合可組成四個格式：

主謂格 M - S S - M	**主主格** M - S M - P
謂謂格 S - M P - M	**謂主格** S - M M - P

如果要靠第三者概念做媒介再推出來的話，就屬於間接推理。是依據中詞在前提中做媒介，推出一個新命題：主詞S，謂詞P，中詞M，依據不同的排列組合，可成立A、E、I、O四個命題：

A：全稱肯定命題　E：全稱否定命題

I：偏稱肯定命題　O：偏稱否定命題

四個格裡面呢，我們就有四個命題。量是全體的，質是肯定的，叫全稱肯定命題。量是全體的，質是否定的，叫全稱否定命題。量是部分的，質是肯定的叫偏稱肯定命題。量是部分的，質是否定的，叫偏稱否定命題。間接推理主要就是根據這四個命題來推論。

我記得五十五年前，我在政大開設這門課的時候，有政大新聞系的、西洋語文系的學生來選修，因為他們沒有背景知識，我都會先問他們，到底對推理有多少概念，我就寫了十題問卷問學生，瞭解學生是否擁有從前提推出結論的概念。這邊舉兩題給大家看看：

（1）神仙可以不吃飯，人不是神仙，人要不要吃飯？

（2）美國是富強的，約翰是美國人，難道他會沒有錢嗎？

前提	神仙可以不吃飯（大前提） 人不是神仙（小前提）	MAP SEM
結論	人要不要吃飯？	SAP-X SEP-X

我給各位分析一下。「神仙可以不吃飯」是一個A命題，全稱肯定命題，是大前提。小前提，是「人不是神仙」，是一個E命題，全稱否定命題。那麼結論人要不要吃飯呢？有很多同學說人要吃飯，

因為以我們的經驗，人沒有不吃飯的。事實上，人要吃飯雖然是正確的，但是不是從這題的前提推演而來的，否則在這個格式下，說「神仙可以不吃飯，椅子不是神仙」，那麼難道椅子要吃飯嗎？不能。所以我們說，推理要必然有效，如果只有部分有效，那就不是我們推理所要求的。

那麼什麼是必然有效呢，在演繹推理的格式裡面，要注意媒介詞（中詞）。媒介詞有擔任主詞跟謂詞的可能。媒介詞要發揮功能，間接推理才能推得出來。

假定說媒介詞是一個媒人，大前提說媒人認識男方，小前提說媒人不認識女方，結論問：男方與女方認不認識？大家會發現，這個媒介詞在這個推論中無法發揮功能，因此這個推論不能必然有效。這叫做中詞不周延，是推理的規則之一。

除此之外，推理的規則還有很多，不是一下子就能全部都談完的，今天只是給各位做個提示，不能跟各位談太多，各位同學可以再自己多看書研究。

我這邊再往下講，間接推理一共有三種：演繹推理、歸納推理、類比推理。也簡單給各位介紹一下。

首先，演繹推理中，大前提是一個原理原則。如果原理原則是真的，推出來個別事物也是真的。例如我們說：每一個人都是有理性的（大前提），某同學是人（小前提），於是某同學是有理性的（結論）。這是哲學上的原理原則，大抵是先驗且普遍的。原理原則也有來自自然界的，如天體運轉、太陽與地球的自轉與公轉等，或是遺傳中個體的先天特質在後代經常重現，是經常不變的，像俗語說「龍生龍，鳳生鳳，老鼠生的兒子會打洞。」就是這種原理原則的認識。不過遺傳上的原則，也有可能因為環境的影響，而產生突變，但這類情況很少，大抵是經常不變的。

還有些原理原則來自社會層面，如法律規章；不同國家，不同地區，也有不同的規定。這個就不是普遍的，像以臺灣的法律來看，做小偷判徒刑，但是在新加坡要打三鞭，這就是根據國情不同而產生的差別。

總而言之，在演繹推理中，大前提要是原理原則，如果原理原則是真的，命題中的群體是真的，那結論也會是真的。

另外，我們講演繹推理有四種命題，包括：定言命題、假言命題、選言命題、兩難命題等等。

定言命題就是該命題是確定如此的。例如說：「明天我要來學校」，或「明天我不來學校」，就是定言命題。

假言命題有一個假設在前，例如「若天下雨則路潮濕」。在假言命題中，我們重視命題中前件與後件關聯性，我們會區隔前件與後件間的條件是必然條件還是充分條件。天下雨是否是路潮濕的必然條件呢？不是，所以「天下雨則路潮濕」是可以成立的，反過來便不一定。

選言命題，就是給我們選擇的命題。例如問說：「你喜歡打球還是打橋牌？」這時我們就要探討選言之間是相容或相排斥，相容的時候都有可能，相斥的則是非A即B的。

兩難命題，就是將前三種命題混合列舉來推理，例如，我問各位「今天應否帶雨傘呢？」後面包含了「雨天帶雨傘可以遮雨」、「晴天帶雨傘可以遮太陽」兩個選言命題做為大前提的原理原則，小前提則是「如果是雨天，就帶雨傘遮雨」和「如果是晴天，就帶雨傘遮太陽」，兩個假言命題。既然無論晴雨天都應該帶傘，結論便是「今天應該帶傘」。但這個例子不是很好。因為這個兩難中間，沒有提到天氣可能是晴雨天之外的現象，例如晚上或陰天時應不應該帶傘呢？你了解到這中間的理則，你就可以更清楚的掌握別人意見的問題，並做出與之相應的回覆。

在很多地方，像日本把這個兩難推理，應用為兩刀論法。就是讓被攻擊的人陷入進退維谷的境地，而攻擊者占有絕對優勢。當然，你如果也懂兩難推理，就可以對抗他。兵來將擋，水來土掩。這裡說一個故事做例子。以前有某個伊斯蘭教的將軍，命令他的部下，將圖書館中除了可蘭經之外的書都燒掉，理由是：「如果其它的書跟可蘭經是相同之書，那就是無用之書，有一本可蘭經就夠了。如果跟可蘭經是不同之書，那麼一定是異端邪說之書。所以除了可蘭經之外都可以燒掉。」也就是說，要嘛是無用之書，要嘛是異端邪說之書。部下覺得很可惜，但將軍講的好像又很有道理，苦於無法反駁。最後，有一個部下也做了一個兩難推理，跟將軍的理由對抗。部下說：「如果其他的書與可蘭經相同，那它們一定不是異端邪說之書；如果與可蘭經不同，那麼一定不是無用之書。」以子之矛來攻子之盾，最後說服將軍不將書燒掉。

其實兩難推理在生活中很常見。例如昨天我們通過了美國的萊豬，元月一號要開放進口，很多人針對這個問題在辯論，反對者說，我們現在開放萊豬進口，讓全國人民的健康受到影響，這裡面就有一個兩難推理出現了。其一，如果你知道萊豬是有毒的，還是開放，那麼道德上有瑕疵；其二，如果你不瞭解萊豬有毒的，則在專業素養上涵養不夠。因此，贊成開放萊豬進口的，不是道德上有瑕疵，就是在專業素養上有瑕疵。支持進口的一方為了對抗這個論點，只好轉向，改為主張萊克多巴胺的含量要在多少以上才會影響健康，只要不超標就沒有問題。各位如果懂演繹推理，這些重大社會議題的討論內容就會看得更清楚。

以上是演繹推理，接著我們看間接推理中的第二個：歸納推理。什麼是歸納推理呢？一般我們通常用調查法或者是實驗法兩種方法，把許多個體調查、觀察完以後，找出它的共性，然後歸納成原理原則，並進一步來探討事物的真假。而無論是調查法或實驗法，皆可分水平或垂直方式。水平方式進行，就是調查的時候，限制在同一個空間和一定的時間範圍內。垂直方式，則空間是一樣的，時間不同。無論水平垂直，目的都在驗證其推理結果的效度及信度。

歸納推理又可分全體歸納和部分歸納。舉個例子來說，課堂點名時，老師將全班同學一個一個都點名，最後得到是否全體出席的結論，這就是全體歸納。部分歸納呢，就是抽點，例如抽個五位，如果都到了，那結論「大概都到了」，這就是部分歸納。並沒有說全體都到，這是概然性。現在商業上做很多市場調查，都是用部分歸納做，用部分歸納的很重要一點，就是歸納的時候，要想辦法得到較高的信效度。那麼問卷設計就必須標準化，並且要先做預測，調整內容，才能提高部分歸納的可信度。你看現在我們講冠狀病毒很多人受害，美國三億多人口，現在有一千八百萬確診，死亡的超過一百八十萬，所以趕緊進行疫苗研發，後來已經有幾種疫苗出現了，第一期開始試打後，就有一些人有不良反應。便趕緊問卷調查民眾對疫苗的信心程度如何，結果只有百分之六十的人有信心。因此他們政府就努力倡導疫苗效力的可信度，雖然無法到百分之百，但至少都有百分之九十二或九十四等等，慢慢地施打的人才越來越多。可見生活當中運用到歸納推理的情況也很多。

各位要知道，歸納推理中，完全歸納一定是正確的，例如戶口普查，絕對沒有問題，但是花的時間很多，五年十年才能做一次。如果說希望花少一點時間，得到大概的真相，就用部分歸納，但調查時一定要標準化，照規定，其概率性我們才可以認同。

最後是類比推理，什麼是類比推理呢，就是根據類似點為基礎，來推論事物的真假。此推論只有可能性，沒有必然性——類似點越多，可能性越大——不過運用的最廣。我們前面說每個人的認知有限，很多事物不瞭解。那麼專業人士要怎麼跟不瞭解的人說明呢？往往打一個比方。我舉幾個例子給各位參考：

五十年前，政治大學東亞所有一位政治學的老師，他上課的時候談到政治制度。他說政治制度根據他的瞭解，分兩類，一類叫做民主的政治制度，一類叫做集權的政治制度。民主的政治制度，就好像現在的民主國家，以美國英國做代表。集權的政治制度，就好像共產黨的國家。這裡就算是舉個例子打比方。但同學仍有問題，同學說：「老師說民主的國家像英美國，我瞭解，因為我在報章雜誌上看到，我的親友在英美留學，回來也告訴我，那個制度我瞭解。但您說集權的政治制度是共產黨國家，我不了解。」因為五十幾年前共產黨國家都有鐵幕，資訊封鎖，一般人無從瞭解。「老師能不能告訴我，什麼是共產國家。」老師說：「好，你既然有問題問我，我可以告訴你，但你要先回答我一個問題。我的問題比較簡單：有一頭烏龜，和一條蛇，哪一隻比較長？」那個同學說：「哎呀這麼簡單還要問，當然蛇長啊。」老師說：「錯！」「為什麼？」「我是說一頭大烏龜和一條小蛇相比，所以你說錯了。」便繼續講課，留下那錯愕的學生和他的問題。

過了一個禮拜，同一門課上，老師一上臺就問大家說：「在上課之前我有個問題問各位。一頭烏龜，和一條蛇，哪一隻比較長。」同學就說：「上禮拜老師說烏龜長，那就是烏龜長吧。」老師說：「你說烏龜長，還是錯的，今天我問的是一般狀況下，那是蛇長。」就又繼續講課。又過了一個禮拜，又到了該老師的課堂。課前，班長問各位同學說：「我們老師這兩個禮拜來好像表現得不正常，各位有沒有感覺到？你們說他今天來上課，會不會還要問我們烏龜與蛇的故事啊？」同學們都點點頭說：「可能會哦！」「那我們準備一下好不好？老師問的時候，我右手邊的同學都說蛇長，我左手邊的同學都說烏龜長。」同學們都答應了。

上課鐘響，老師一走進來，就發現每一個同學都很專注地望著老師，以前不曾這樣子。老師就說了：「上正課之前，有一個問題問各位。」同學們都面帶笑容，心裡想著：「我們有準備了。」老師果然發問：「一頭烏龜，還有一條蛇，哪一隻長？」同學們一半說蛇長，一半說烏龜長。結果老師說：「蛇長、烏龜長，都不對。」學生們都很生氣：「怎麼這樣子呢？連續三次翻來覆去！」鬧哄哄地吵得不得了。老師說：「不要吵，有問題的話請一個代表學生發言。」大家就找一個能言善道的學生起來講。他說：「老師啊，烏龜跟蛇到底哪一個長，請您一定給我們一個正確答案。我看過希臘哲學史，吾愛吾師，吾更愛真理。我們很尊敬老師，但我們需要真理。」老師聽了很滿意，說：「好，今天大家能夠這樣反應，我很高興。為什麼呢？三個禮拜前，有位同學問我，什麼是共產黨國家，當時我想要講共產黨的歷史、制度、作為，沒有三個小時講不完，所以我就打個比方。」也就是用類比推理，用蛇和烏龜打個比方。「集權國家裡面，統治的少數人說烏龜長，大家就要跟著說烏龜長；說蛇長，大家就跟著說蛇長；說一般長，大家就講一般長。這就是集權國家。」學生才恍然大悟，原來老師是用一個生動的類比推理，來讓大家瞭解集權國家的概念。

還有一個中國古代的知名故事。春秋戰國的時候，有一位學者叫做莊子，他的好朋友叫做惠施，一次他們在某座橋上，望著水中的魚。莊子告訴惠施說：「你看魚在水中游，好愉快哦。」惠施說：「你又不是魚，你怎麼知道魚很愉快？」莊子說：「你也不是我，你怎麼知道我不知道魚很愉快。」惠施說：「我固然不是你，不知道你想什麼，但你不是魚，一定不可能知道魚很愉快。」最後莊子做了一個結論，說：「我們兩個人同遊於河上，悠然自在，心曠神怡，你覺得怎麼樣？」「滿舒服的呀。」「那你看看那些魚在水中游，也是悠然自在，狀況跟我們相似，所以自然也是很愉快。」這也是一個運用類比推理來說明的例子。

最後再講一個跟愛因斯坦有關的故事。我有一位老師，何浩若博士，他少年得志，三十幾歲的時候因為戰功，就掛了兩顆星，也就是中將。三十幾年的時候，對日抗戰，何浩若博士被派到美國，擔任軍事採購團的團長，要買很多軍火。但是他去沒有多久，日本就投降了。他後來在美國就沒有回來，一住二十幾年。他在美國時，看到美國的先進文明，認識了許多朋友，交往愉快，生活相當滿意，但有一件事搞不明白，就是每到週末星期假日，所有的美國朋友都要做禮拜。他非常不解，覺得這些人都是高級知識分子，為何仍如此迷信呢？這個問題困擾了他許久。一次，他到普林斯頓大學，見到了愛因斯坦，因為機會非常難得，何浩若博士便向愛因斯坦提了這個問題。愛因斯坦也用了類比推理回應他，他用桌上的玻璃杯是人為所擺放的，來類比宇宙也應有某種力量讓萬物安頓在某個位置。既然房間內的物品是有某個主宰決定各部分的樣子，那麼推而廣之，社會、國家、世界、乃至於宇宙，是不是也應該有個主宰呢？這個回應讓我的老師很不滿意，又進一步問說：「宇宙主宰在哪裏呢？能否指出來讓我們看到？」愛因斯坦則用中國古語：「知之為知之，不知為不知，是知也。」來回應。他說：「我愛因斯坦或許是這個世界上最有名的科學家，但是我對宇宙間的萬物，我所認識的，我所瞭解的也只是一部分而已。我不瞭解的事情太多了，我不能去否定我不瞭解的事情。」何博士便無話可說了。這個故事中，愛因斯坦所言，是科學家向我們運用類比推理解釋高深問題的一個經典例子。

今天很高興有這個時間，跟各位談談思想三要與推理。最主要的就是告訴各位我們思想的表達、心意的表達，要符合事實，要辨別同異，要眾端參觀，這樣表達才會正確而沒有瑕疵，我們要盡量這麼做。推理部分，我們認識了直接推理、間接推理。推理是將隱含的意義表露出來，又分為直接和間接推理，直接推理不靠第三者的概念做媒介，直接推出新命題。間接推理則要由前提推導出結論，同時也要守很多的規則。間接推理的類型包括演繹推理、歸納推理、類比推理等等，其中又各分細項。今天因為時間關係只能講到這個地方，各位同學有興趣的話可以再多去瞭解，對我們在日常生活和職場工作表現上都很有助益。好，謝謝大家。

參　鬼谷文化在學校行政上應用

鬼谷文化博大精深，令人景仰敬佩。唯心聖教傳鬼谷文化易經心法，推動易卜禪機，同時結合儒道釋三家思想文化，來探討個體與群體及大宇宙的平衡，引導人類，邁向和平坦途，是促進社會安定、民生和諧，追求天下和平為最高價值。

一　研讀易經心法首重修養心志，自立自強

我們研究易經心法，了解到易經的形式是象數，易經的內容為義理。要想研究落實，在自我修練中，首要自心和悅，人我和敬，進而邁向和平坦途。而在周易乾卦中也明白開示「天行健，君子自強不息」，就是認為上天是偉大的，是剛強、勁健、適中、均衡，已達到純粹精妙的境地。同時天體運作的能量是無窮盡的，它不會有差錯。從原始發生到實體應用，都是有規律的。所以每一個人要自立自強，來配合天體的運轉。

我們要自立自強、自我修養，就要從心理建設做起，那就是以正覺正知的理念，注重心性的禪修、人格的陶冶，以及培養博雅高尚的人文精神，把自己專業學養提高到高深而純淨的境界，當我們進入職場，有了這些卓越的專業素養，你就能啟迪你的智慧。不論是制人的智謀，或為事的智謀，或處世的智謀，都能找到最佳的應對策略。

二　鬼谷文化在日常生活人際關係上常用的方法

鬼谷文化古智今用，相處於目前社會環境中，不論在人際關係或事務處理或行政計畫推動上，最常用的技巧方法，以個人之愚見，有下列幾種策略：

第一種是溝通說服的技巧

第二種是權變因應的技巧

第三種是調和轉圓的技巧

在溝通說服技巧上，重點是同理心溝通與個別差異說服。由於同理心溝通，雙方取得共同一致的認知，是很容易做到的，並且能達到認同存異的境界。然而在個別差異溝通協調上，不論因個人人格特質的不同，或聰明才智的不一樣，或是後天環境因素造成的差異，通常以客觀事物的認知與主觀關係的分析，再選擇適當的時期進行溝通協調，將可以邁入說服與轉圓之境界。

鬼谷子曾說：「辭言有五：曰病，曰怨，曰憂，曰怒，曰喜。故曰：病者，感哀氣而不神也；怨者，腸絕而無主也；憂者，閉塞而不泄也；怒者，妄動而不治也；喜者，宣散而無要也。此五者，精則用之，利則行之。」意思是說與人溝通、說服對方時，需要注意五種情況：病、怨、憂、怒、喜。病，指中氣衰竭，沒有精神；怨，指極度傷心，沒有主意；憂，指閉塞壓抑，無法宣洩；怒，指狂躁妄動，無法自制；喜，指任意發揮，沒有重點。這五種辭令，屬於溝通技巧的原則，如能精通，便可採取對自己有利的行動，非常值得我們參考。

而鬼谷文化十三轉圓篇，更正式列舉溝通說服的應用技巧，有下列九種不同對象因應策略：

一、與聰明人談話，要依靠廣博的知識。

二、與知識廣博人談話，要依靠善於雄辯。

三、與善辯人談話，要依靠簡明扼要。

四、與地位顯赫的人談話，要依靠宏大的氣勢。

五、與富有的人談話，要依靠高樓地寶。

六、與貧窮的人談話，要依靠利益相誘惑。

七、與卑賤的人談話，要依靠謙敬。

八、與勇猛的人談話，要依靠果敢。

九、與愚昧的人談話，要依靠敏銳。

以上這些敘述提示，都是遊說的方法，旨在如何因應不同的對象選擇適當的時機進行溝通，取得調和與說服，進而達到轉圓的效果。

在權變因應技巧上，由於每一個人專業素養不同，在職場工作時，不論是計畫的推動或事務的處理，通常使用傳統的程序及習慣性的技巧，來達到工作階段性成功的績效。但是因組織內成員的流動性及時間與空間上的不同，同樣的計畫或相同的事務處理不能墨守成規，如果不加以創新改進，將無法享受原有成功的果實，更不能達到圓滿與平衡。我們有時為了工作要履行法理上責任，不論在公益事業或營利事業上，都會遇到一些挫折與困難，我們常會想辦法來克服這些困難與挫折。所謂窮則變，變則通，通則久，就是通權達變利用權變的技巧得到平衡與圓融。

人要自立自強，首先就要做到安詳、從容、正派、沉靜，因為任何行動，必須先修養心志。要修養心志，首要前提是安定自己，因為心情安詳、寧靜，精神就會愉快。只有思慮深遠的人，計謀才容易成功。所以自我修養、自立自強，就是通過內心的修煉，增強自己的專業學養。我們有了調和轉圓的專業素養，它自我的感覺與氣勢，將影響到組織內成員，也就是本經陰符七術中所說的分威與散氣，來顯現兌的效用，一旦我們有行動，別人便會跟隨；有所倡導，別人一定會附和，讓事情的演進或事務的處理達到調和轉圓的境界。

三　在學校行政上應用，列舉實例配合說明

（一）學校安裝空調設備計畫

每一個人生長在世界上，不能不吃人間煙火，要想生活平安、快樂，就得在職場上找一份工作。我們要找什麼樣的工作呢？由於個人志趣不同，在職場上有很多工作讓我們選擇。依據我們國家的職業分類典，它半世紀來已修訂多次，就以公元二千年的版本，我們的國家職業分類典分為十大類，三十六個中類，一百一十七個小類，三百九十九個細類，二千六百三十八個子類。如果我們想擔任學校教育行政主管工作，它就要具備有該職務的專業學養。所謂專業，就是指應具備該職務所需要的卓越知識與技能，以及職場上倫理道德。

二十年來教育改革，大專校院已增加到一百六十所，二十年前有一所大專院校負責人，在校園中，看到教師在炎熱的夏天，汗流浹背的辛苦教學，學生在高溫下無法專注地學習。他認為此種狀況，不是

校園內優良的教學環境，立刻進行改善這種不良的教學環境，就提出全校各房舍教室安裝空調設備計畫。該計畫經過了可行性評估並配合行政法規，稍作策略性調整後，運用經費將全校近百間教室房舍全部安裝空調設備，讓師生員工使用。此一計畫推動，獲得全校師生員工認同並感到愉快，甚至有師生早上一到學校即開啟空調，大家都能在適溫的環境下愉快的教學與學習。

由於學校保管單位與使用單位的立場是相對的，保管單位依據事務管理規則中財物管理規定，財物均有使用年限。一般而論，例如電腦機房，因要保護精密儀器之精確度，需要二十四小時開啟空調，而該空調設備的壽命週期大約可使用三至五年。一般教室、會議室、辦公室、研究室等房舍，空調設備的使用年限約八至十年。由於國家審計法規第五十六條及七十二條之規定：各機關財物保管人員，如果沒有盡到善良管理人應有之注意，所經管之財物若有遺失或損壞，保管人員及該機關負責人應負賠償或修復之責。因而保管單位為盡到善良管理人應有之注意，就明確規定「為節省能源，各房舍溫度超過攝氏28度C才可以開啟冷氣」，換言之，溫度未達攝氏28度C「禁止開啟冷氣」。此規定大家雖然可以接受，但心情上並沒有先前那樣愉快。

這所學校安裝空調計畫，經評估分析，校園內似乎沒有達到預期和諧圓融之境界。學校負責人為改善以上的瑕疵，即利用其專業素養的技巧，進行溝通說服轉圜工作。

學校負責人首先採用同理心溝通，邀集全校師生員工說明安裝空調計畫，是因為老師在炎熱夏天，汗流浹背地認真教學至為辛勞，而同學們在高溫下無法專注地學習，至為不忍。為改善這些缺點，來提升學校教學績效，特別編列經費來安裝空調設備，所以大家可以在適溫（通常在攝氏21度C～26度C）下愉快的教學或學習。

為了配合相關法規，我們在冷氣機下方安裝上溫度計，如果室內溫度達到攝氏28度C，請大家「一定要開啟冷氣」。這一場同理心溝通說明會，讓同一事件中消極性禁止語句，改為積極性鼓勵語句，給全校師生一個溫馨的提示，加上校園內其他類似的措施，例如條列式德育、群育、美育等教育目標均改為寬柔式語句，讓學生體會到親切的呼喚與愛心的鼓舞，在生活上潛移默化，因而校園內人際關係、親和力逐漸提昇，校內組織氣候比較和諧友善，後來學校參加教育部主辦友善校園、三好校園競賽，均能名列優良受獎學校。尤其近年來獲星雲大師教育基金會核定為三好校園典範學校，不是沒有原因的。主要是學校負責人具有卓越的專業素養，懂得古智今用的技巧。

（二）教師推動機會教育應對策略

學校校務推動內涵有行政、教學、研究、推廣四部分，其中學校行政主要的任務是聯繫各單位，支援教學、研究、推廣活動。前教育部長吳清基博士最近主編「教育政策與教育實務」一書中，特別強調「行政只是工具，教學才是目的。」由於教學、研究、推廣活動，都需要教師來執行，而教師在職場上屬於專業人員，近十年來，教育部為加強教師專業素養，特別編列高額經費，來推動「精進教學計畫」，它不僅在提示教師如何來增強他的專業學養，也希望能落實教學活動，達到預期的教學成果。

我們國家的教育制度分為二個階段，第一個階段屬於基礎教育階段。每一個國家基於國家需要，希望每一個國民具備有某種程度的教育素養，明定基礎教育年限為六年或九年或十二年。通常富強的國家，其基礎教育年限比較長久。

國民基礎教育階段屬於強迫教育，不僅是國民的權利，同時也是國民應盡的義務。在這段教育期間，要授予國民生活上何種知識與技能？通常由教育部成立專業委員會邀請專家學者研商，訂定各種課程標準與課綱，然後由各出版社與書局再邀請專業學者，依課綱編寫各課程教科書，供各學校採用，而各級學校教師，每學期只要依據學校提供的課目表及教科書編擬每週教學進度表，即可進行教學活動。

國家教育第二階段，為專業教育階段，也是選擇教育階段。學生可以選擇自己有興趣的學校科系，修習專業知識與技能，然後進入職場工作，為社會服務；學校也可以選擇學生，為國家社會培養專業建設人才。

大專校院各科系所提供的專業知識與技能，種類繁多，雖然沒有統一課綱，但有課程內容。由於大專校院教師亦是專家學者，由於學校行政上，為提升學校學術水平，表示教授教學活動是卓越的，通常要求教師所擔任課程的授課綱要、主要內容、使用設備、教學方法、施教方式以及預期教學目標要公開上網，還要提供學生參考書或資料庫、大數據等參考資訊。此一公開上網規定，讓大專教授教學活動受到嚴格評鑑，亦是一種對教師專業素養的考核。

不論是大學教授或中小學教師，每天教學活動，將準備好的資料，依預定的教學進度進行教學，當其進入教學場所，如果發現學生情緒高昂、興奮不已，或學生情緒低落、表情悲痛，在此時段教師若進行預定的教學活動，由於學生情緒不穩定、專注力不足，將直接影響到原定的教學成果。具有專業素養的教師，在這個時段，就宜權變因應，進行機會教育。

要權變處理，進行機會教育，首先就要用同理心溝通方式，來了解學生情緒高昂興奮或情緒低沉悲痛之原因。若學生情緒低沉悲痛不已，不論是天災或是人禍，教師就要和學生一樣表達同情，同樣的悲痛，然後再進行權變因應。表達生命是可貴的，我們要珍惜它、愛護它、尊重它，並且還要儘量保護自己，避免被傷害。然後強調時間就是生命，所謂「一寸光陰一寸金，寸金難買寸光陰」來表示時間之可貴與重要。因而我們不僅要愛惜時間，還要利用時間、分配時間，同時要做時間的主人，不要做時間的奴隸，讓我們的生命能夠發熱、發光、發亮。

教師每次教學都有主學習、副學習與輔學習活動，這次教學主學習活動，雖然沒有達到預期的目標；但副學習活動即相關學科的聯絡教學活動已經實現；以及輔學習活動即情意教學，以及態度培養學習教學，亦能達到預期之境界。

本文原收錄於《鬼谷文化古智今用論文集第4輯》，臺北：唯心宗南天文化院，二〇一八年六月。

這本書得以順利完稿出版，要感謝許多人，在這裡謹向他們一一致謝。

首先，感謝木柵的寶萊福文化藝品館館長李美環女士的推薦。李女士是金門人，她的一位兄長便是張校長在金門中學服務時期「特師科」的學生，因著此一緣分，校長便時常到李女士的藝品館品茗談天，和大家分享他的故事，也間接促成了這次的出版企劃。

其次，感謝致理退休的鄭志慧老師。鄭老師在致理部分的影音或文字資料蒐集、與相關單位的聯繫，以及稿件的校對與修正上，給予諸多協助與指點，讓這本回憶錄更臻完善。

其三，感謝現任政治大學臺灣文學研究所羅詩雲教授。羅教授數年前尚在致理時，便曾經採訪過張校長，留下一份約兩萬字的口訪稿，在我撰寫過程當中，對這份資料的參考或改寫之處不少，羅教授優秀的工作成果，給這本回憶錄奠定極好的基礎。

其四，感謝政治大學圖書館館長與校史檔案組。我們通過校史檔案組的賴欣鈺小姐聯繫協助，最終圖書館以費用全免的方式授權提供十餘幀政大老照片，以和本書的文字敘述配合，使其更增生動光彩，誠為美事一樁，也再次讓人對張校長在政大任職總務長時期，對學校做出的卓越貢獻感到敬佩。

其五，感謝萬卷樓圖書公司梁錦興總經理、張晏瑞總編輯與丁筱婷責任編輯的鼎力支持與專業負責，使這本書得以用最好的方式呈現在世人面前。

最後，感謝張校長交付此重任，雖然只經過短短的幾個月，但我已從校長的身上學到許多可以受用一生的知識和智慧，能夠協助校長完成此一任務，是我的福分；同時，也非常感謝校長夫人，每每到校長府上，優雅的夫人總是親切相迎，令人感到溫暖無比。此外，還有許多曾經給予協助的人們，在此一併致謝，謝謝大家。

其實，我很早便耳聞張長芳校長之大名，知道他曾是政大的總務長、致理的校長、現在的董事，常聽人說起他的貢獻，但總是緣慳一面。直到某一年，因為在致理兼課的關係，參與了一場教師策展工作坊：「文字寓」的展覽活動，才第一次見到年高德劭、令人敬仰的張校長。那時是由尚世昌校長陪同，在展區聆聽我們的導覽，張校長的英挺身姿與儒雅風采令人印象深刻，卻未曾想，好幾年後，在種種的因緣和合下，能與校長有更多的接觸，最後甚至幫校長完成了這本回憶錄。

今年四月，通過李美環女士的介紹推薦，我正式接下這份回憶錄撰寫工作，從四月到九月，赴校長家採訪逾十五次，一次二至三小時，校長口述，我則錄音並筆記，回家再整理成文字段落。校長身體健朗、精神矍鑠，可以兩三個小時滔滔不絕，不顯疲累，不似九十三歲老人；並且口條清晰、條理分明，兼記憶力極強，講述之內容鉅細靡遺，精彩無比，我常常聽得渾然忘我，同時又極感敬佩。因此，能夠協助張校長，將其成長與奮鬥的經歷，以及對金門中學、政治大學，以及致理科技大學等校的貢獻用文字記錄下來，讓它可以流傳後世，令更多人知曉，我實在感到非常的榮幸，也非常的感恩。

這本回憶錄讓我們看到一位熱心盡力又靈活變通的人，是如何運用他高明的想法與實際的作為，對任職的學校單位做出無法取代的貢獻，更曾對其他學校乃至於國家教育制度產生影響。我們有很多人都得益於他的努力，在他的引領下前行；無論建設或者制度，他曾經走過的足跡，每每成為後人的康莊大道，只是我們無從知曉罷了。現在有了這本回憶錄，我相信校長的智慧、典範與貢獻將會被永遠銘記，並讓所有的後來者都能有所學習惕勵。

民國一一三年十月廿五日　麟洛徐偉軒　謹誌

又古齋叢刊 1300C01

教育界的實業家：張長芳教授回憶錄

口　　述／張長芳
撰　　寫／徐偉軒
責任編輯／丁筱婷
發 行 人／林慶彰
總 經 理／梁錦興
總 編 輯／張晏瑞
編 輯 所／萬卷樓圖書股份有限公司
排　　版／菩薩蠻數位文化有限公司
印　　刷／百通科技股份有限公司
封面設計／陳薈茗
發　　行／萬卷樓圖書股份有限公司
臺北市羅斯福路二段 41 號 6 樓之 3
電話 (02)23216565
傳真 (02)23218698
電郵 SERVICE@WANJUAN.COM.TW
香港經銷／香港聯合書刊物流有限公司
電話 (852)21502100
傳真 (852)23560735

ISBN 978-626-386-174-9
2024 年 10 月初版
定價：新臺幣 660 元

如何購買本書：
1. 劃撥購書，請透過以下郵政劃撥帳號：
帳號：15624015
戶名：萬卷樓圖書股份有限公司
2. 轉帳購書，請透過以下帳戶
合作金庫銀行 古亭分行
戶名：萬卷樓圖書股份有限公司
帳號：0877717092596
3. 網路購書，請透過萬卷樓網站
網址 WWW.WANJUAN.COM.TW
大量購書，請直接聯繫我們，將有專人為您服務。
客服：(02)23216565 分機 610
如有缺頁、破損或裝訂錯誤，請寄回更換

國家圖書館出版品預行編目資料

教育界的實業家 : 張長芳教授回憶錄 / 張長芳口述 ; 徐偉軒採訪撰寫 . -- 初版 . -- 臺北市 : 萬卷樓圖書股份有限公司 , 2024.10
面 ;　公分 . -- (文學研究叢書 . 古典文學叢刊 ; 1300C01)
ISBN 978-626-386-174-9(精裝)
1.CST: 張長芳 2.CST: 回憶錄
783.3886　113015079